基于城市社区的末端配送研究

王艳　著

·北京·

内 容 提 要

本书共分为七章，紧紧围绕城市社区的末端配送展开，具体为末端配送介绍、社区末端配送、社区商业与末端配送、社区类别与末端配送、社区末端智能投递研究、社区生鲜电商与冷链末端配送和社区新零售与即时配送。本书基于不同角度对末端配送以及配送区域进行了分类和研究，并专门针对城市末端配送展开更为深入的研究。城市社区所在区域不同、社区类别不同、社区商业构成占比不同等诸多因素，都直接影响社区居民的消费数据，相应的末端配送也会呈现出不同的特点。

本书将城市社区和配送货物进行适当分类，基于调研数据，构建了适合不同类别社区的末端配送模式，并搭建了与不同社区商业相匹配的末端配送模式。随着消费升级和新零售模式的不断涌现，生鲜商品配送和分钟级即时配送在城市社区末端配送的占比逐渐加大，本书对这两部分内容也进行了相应的研究。

本书以通俗易懂的方式将城市物流“最后一公里”的研究分享给从事及关心此领域的相关人士，以唤起共鸣。另外，本书还可作为高校物流专业相关选修课教材，供学生开拓视野，进行相关课题研究。

图书在版编目（CIP）数据

基于城市社区的末端配送研究 / 王艳著. -- 北京 : 中国水利水电出版社, 2020.4 (2024.1重印)
ISBN 978-7-5170-8425-9

Ⅰ. ①基… Ⅱ. ①王… Ⅲ. ①城市－社区－物资配送－研究 Ⅳ. ①F252.14

中国版本图书馆CIP数据核字(2020)第027452号

策划编辑：周益丹　责任编辑：周益丹　加工编辑：高双春　封面设计：李　佳

书　　名	基于城市社区的末端配送研究 JIYU CHENGSHI SHEQU DE MODUAN PEISONG YANJIU
作　　者	王艳　著
出版发行	中国水利水电出版社 （北京市海淀区玉渊潭南路 1 号 D 座　100038） 网址：www.waterpub.com.cn E-mail：mchannel@263.net（万水） sales@waterpub.com.cn 电话：（010）68367658（营销中心）、82562819（万水）
经　　售	全国各地新华书店和相关出版物销售网点
排　　版	北京万水电子信息有限公司
印　　刷	三河市元兴印务有限公司
规　　格	170mm×240mm　16 开本　10 印张　186 千字
版　　次	2020 年 4 月第 1 版　2024 年 1 月第 2 次印刷
印　　数	0001—3000 册
定　　价	58.00 元

前　言

末端配送是物流业务流程的最后一个环节，是整个物流过程中最后而且关键的一个步骤，即所谓的物流“最后一公里”，在空间和时间上，它都是离消费者最近的物流环节，是全社会物流体系中不可分割的一环。随着经济的不断发展，过几年，可能每天会有十亿个包裹需要配送，末端配送呈现出配送区域各异、消费者个性需求增多、货物种类日趋丰富、时效要求不一等特点，末端配送的难度逐渐加大，需要政府相关部门、电商企业、物流企业和消费者协同合作，持续提升末端配送的规范度与效率。

末端配送一直是物流流程中成本居高不下的环节，业界也在不断通过技术降低此环节的成本，阿里、京东等电商巨头和顺丰等快递企业都在无人机、无人车上加大投入，末端配送的智能化技术水平都在快速发展，为将来实现末端配送无人化奠定了基础。

随着零售模式的不断迭代和消费的不断升级，商流决定物流，这一持续了很久的商业逻辑正在逐渐发生变化，物流服务正在成为购买商品中的可选项，成为商品主体不可分割的一部分，末端配送的服务时效和质量已经成为影响消费者购物体验的重要因素。

移动互联网、大数据、区块链、智能算法等技术不断成熟，消费者对末端配送时效的要求越来越短，即时配送应运而生，成为近年末端配送的主流发展趋势，分钟级的即时配送占比逐渐加大，精准配送服务“准时达”、大家电“送装一体”等特色服务的覆盖范围也进一步扩大。在零售模式不断迭代的背景下，本地零售业态与物流业态相辅相成发展的模式已经形成，二者互促互进，缺一不可。

本书为2019年北京国际商贸中心研究基地课题“社区新零售与新物流共生研究”（课题号：ZS201906）和北京财贸职业学院2019年度科研立项一般课题“新零售背景下的城市末端配送研究”（课题号：CZYC201905）的阶段性研究成果。

由于编者水平所限，加之时间仓促，书中不足甚至错误之处在所难免，恳请读者批评指正。

作　者

2019年6月

目　录

第一章　末端配送介绍

第一节　认识配送

一、物流业的含义

物流业是一个跨行业、跨部门、跨区域、渗透性强的复合型新产业。物流业是指原材料、产成品从起点至终点及相关信息有效流动的全过程。它将运输、仓储、装卸、加工、整理、配送、信息等方面有机结合，形成完整的供应链，为用户提供多功能、一体化的综合性服务。作为国民经济的动脉系统，物流产业连接经济的各个部门并使之成为一个有机的整体，其发展程度成为衡量一个国家现代化程度和综合国力的重要标志之一。

物流业是生产性服务业，是指为第一、二、三产业的原材料采购、实物生产、实物销售等提供服务的产业。在经济全球化和电子商务的双重推动下，物流业已由过去的支撑配套行业，上升为引导生产、促进消费的先导行业。现代物流业是以信息技术为支撑，以现代制造业和商业为基础，集系统化、信息化、仓储现代化为一体的综合性产业。因而它的发展，必将对优化产业结构、增强企业发展后劲、提高经济运行质量起到巨大的促进作用。

近年来，随着电子商务的快速发展，人民生活水平的逐渐提高，物流业的某些分支逐渐从生产性服务业向生活性服务业转变，快递业等与百姓生活息息相关的物流细分领域的占比逐年提高，商贸物流业发展水平不断提升，现代化、综合化、信息化、便捷化的物流产业体系不断完善，生活性物流服务业正在大力繁荣发展。

二、我国物流业的发展现状

1. 社会物流总额不断增长

我国经济持续稳定增长，拉动了物流行业的刚性需求，2018 年，全国社会物流总额为 283.1 万亿元，同比增长 6.4%，增速比上年同期回落 0.2 个百分点。分析认为，物流需求总体保持平稳增长，但受宏观经济下行压力影响，增速略有回落[①]。统计分析，消费和民生物流需求的同比增长率是制造业物流需求的 2 倍以上，

---

① http://news.cctv.com/2019/03/23/ARTIwbqV4IaKXEuQHvG2VzzS190323.shtml

这也与目前消费是经济增长的核心动力的政策非常符合。中国社会物流的总额虽然在增速上呈现减缓的趋势，但物流行业整体还是处于一个上升阶段。

2. 社会物流总费用不断增长

伴随着社会物流总额的增加，我国社会物流总费用也在不断增长，2010—2016年，我国社会物流总费用年复合增长率达 7.73%，反映了我国物流行业在需求旺盛的情况下，费用规模也在不断扩大。2018 年社会物流总费用为 13.3 万亿元，同比增长 9.8%，增速比上年同期提高 0.7 个百分点。社会物流总费用与 GDP 的比率为 14.8%，比上年同期上升 0.2 个百分点[①]。2011—2017 年，我国社会物流总费用不断增长，增速呈先降后升态势。如此高的社会物流总费用，也说明我国的物流市场体量庞大。

3. 物流行业效率逐步提高

国际上习惯以全社会的物流总费用占 GDP 的比例来衡量整个经济体的物流效率，社会物流总费用占 GDP 的比例越低表示该经济体物流效率越高、物流发展水平越发达。近年来我国物流总费用占 GDP 的比例总体呈缓慢下降的趋势，从 2010 年 17.8%逐渐下降至 2018 年 14.8%，表明我国物流效率逐渐提高。不过，因为不同国家的产业结构占比不同，单纯地比较物流总费用占 GDP 之比，也是较为片面的做法。以中国和美国为例，我国作为制造业大国，钢铁业占比较高，美国软件业占比较高，众所周知，钢铁业流转的物流费用要远远高于软件业，所以，要求中国的物流费用占比降低到美国的水平，也是不切合实际的，在我国的原有基础上逐渐降低才是实际并合理的。

4. 物流行业基础设施建设不断完善

2014 年，国务院就正式印发了《物流业发展中长期规划（2014—2020 年）》（以下简称《规划》），《规划》指出，到 2020 年，基本建立布局合理、技术先进、便捷高效、绿色环保、安全有序的现代物流服务体系。随着物流业固定资产投资的持续较快增长，物流基础设施条件明显改善。到 2017 年底，全国铁路营业里程达到 12.7 万千米，其中高铁 2.5 万千米，占世界高铁总量的 66.3%[②]。2017 年末，全国公路总里程达到 477.35 万千米，其中，高速公路达到 13.65 万千米，里程规模居世界第一[③]。全国内河通航里程、港口泊位、定期航班机场等数量都在稳步增长中。

5. 即时物流市场在不断突破

即时物流是末端配送的一种形式，是点到点的运送模式，是将物品以最低的

---

① http://3g.163.com/dy/article/EB4PK7QG0530UFIR.html

② https://baijiahao.baidu.com/s?id=1588459060624040181&wfr=spider&for=pc

③ http://www.chinahighway.com/news/2018/1183657.php

成本、最快的速度、最高的效率完整地交付到指定地点。随着我国物流总额的不断增长，O2O 的全面融合，外卖行业、新零售走入消费者的日常生活，即时物流行业的订单量快速增加。从 2015 年起，即时物流行业年增长率皆超过 50%，预计 2019 年即时物流行业订单量将达到 159.2 亿[①]。

6. 智慧物流发展是趋势

以先进物流信息技术为依托的智慧物流将再造物流产业新结构，引领物流产业新发展。越来越多的企业在物流技术的应用上都朝机械化、智能化、无人化方向发展。高效的智慧物流信息技术不仅加快了企业物流信息化的建设进程，也提高了企业物流服务的效率，有效优化了物流业务流程，智慧物流技术的应用正进入企业高效运作期。我国京东、菜鸟、顺丰、苏宁等一批物流理念先进的企业在无人搬运车、无人机、拣选机器人等人工智能领域正积极地进行试验，无人机已在农村地区试运行，拣选机器人已在工厂、仓库等相关领域广泛应用，以人工智能为代表的物流信息技术有望在未来代替传统的人工物流作业，以实现物流智能化、无人化、信息化的高效运作。

三、物流系统

末端配送是物流系统的最后一个环节，在空间和时间上，都是离消费者最近的一个环节。首先来了解一下物流系统。

1. 物流系统的概念

物流系统是指在一定的时间和空间里，由所需输送的物料和包括有关设备、输送工具、仓储设备、人员以及通信联系等若干相互制约的动态要素构成的具有特定功能的有机整体；是由两个或两个以上的物流功能单元构成，以完成物流服务为目的的有机集合体。

2. 物流系统的基本构成要素

物流是一个综合实体，由运输、储存、装卸搬运和流通加工四种基本的独立构成要素组成。本书认为配送、信息处理不是物流的独立构成要素，下文中将单独进行研究。

（1）运输。根据《中华人民共和国国家标准：物流术语》（GB/T 18354－2006），运输是指用专用运输设备将物品从一地点向另一地点运送。其中包括集货、分配、搬运、中转、装入、卸下、分散等一系列操作。

运输是构成物流的基本的、不可缺少的要素之一，是促使商品实现位置移动的环节，是实现商品空间价值的主要环节。工厂生产商品，如果没有空间的位置

① http://www.sohu.com/a/284692033_282510

移动，消费者就无法真正消费商品。消费者不论在线下实体店购买，还是线上下单购买，都需要通过空间的移动实现商品的真正消费。因此，对于商品而言，必须要进行位置的移动，商品要流动就必须要有运输，要有运输的设施设备、环境条件等，来完成从生产到消费的完整过程。

（2）仓储。根据《中华人民共和国国家标准：物流术语》（GB/T 18354－2006），仓储是指利用仓库及相关设施设备进行物品的入库、储存、出库的活动。

一般来讲，产品生产出来后，不会马上到最终消费者手里，需要经过各个环节的仓库临时储存，时间有长有短。长期以来，我国流通环节冗长，代理商、经销商、批发商、零售商等层层环节，每个环节都少不了占用空间来储存。近年，商业模式迭代，衍生出很多全新的商业模式，流通环节冗长状况有所改善，但储存环节依旧是物流系统不可缺少的环节，必须要有储存的空间、设施、设备和配套的环境、条件等，这些储存的设施设备也是构成物流系统的要素。

（3）装卸搬运。根据《中华人民共和国国家标准：物流术语》（GB/T 18354－2006），装卸是指物品在指定地点以人力或机械实施垂直位移的作业，搬运是指在同一场所内，对物品进行水平移动的作业。

装卸搬运通常发生在运输和储存的两端，紧密相连储存和运输的两个环节。装卸是指物品在指定地点以人力或机械装入或卸下运输设备或其他设施，实现物品垂直方向的位置移动，需要适用于商品装卸的各种设施、装备和条件。搬运是指在同一场所内对物品进行水平移动，需要适用于商品搬运的各种设施、装备和条件。装卸和搬运是物流系统中不可缺少的两种行为，这两种行为通常连接在一起完成，具备距离短和时间短的特性，是储存和运输两个环节之间的桥梁，是物流系统不可或缺的构成要素。

（4）流通加工。根据《中华人民共和国国家标准：物流术语》（GB/T 18354－2006），流通加工是指物品在从生产地到使用地的过程中，根据需要施加包装、切割、计量、分拣、刷标志、拴标签、组装等作业的总称。流通加工是物流系统中的一种特殊形式，它是在物品从生产领域向消费领域流动的过程中，为了促进销售、维护产品质量和提高物流效率，对物品进行的加工，使物品发生物理、化学或形状的变化。通过以上定义进行分析，包装属于流通加工的一种形式，把包装并入流通加工环节较为合适，无单独列出此环节的必要。因此，流通加工就成为包括包装在内的物流系统的构成要素，流通加工所需要的各种设施设备也属于物流系统的构成要素。

3. 配送环节的研究

（1）配送的概念。根据《中华人民共和国国家标准：物流术语》（GB/T 18354－2006），配送是指在经济合理区域范围内，根据用户要求，对物品进行拣选、加工、包装、分割、组配等作业，并按时送达指定地点的物流活动。

从以上概念可以看出，配送是一个综合性的复合活动。很多教材中将配送、信息处理与运输、储存、装卸搬运、流通加工并列，放在一个层次讨论。但是本书认为配送是一种特殊的复合物流活动，与运输、储存、装卸搬运、流通加工等基本环节不属于同一个层次。

（2）配送不是物流的基本构成要素。配送的实质是送货，即货物运输，与干线运输和支线运输相比，一般距离较短。通常是由离消费者最近的仓库送货到客户地点的行为，并在一般送货的基础上增加了分拣、加工、包装、分割、组配、装卸搬运等多项物流构成要素的活动。因此，在对物流的构成要素进行研究时，不能把配送作为一个与运输、仓储等并列的物流构成要素看待。可把配送看作整个物流过程的一个环节，是一个具备多个物流构成要素的物流环节。

4. 信息处理的研究

根据《中华人民共和国国家标准：物流术语》（GB/T 18354－2006），信息是指反映物流各种活动内容的知识、资料、图像、数据、文件的总称。

相比配送，信息处理在物流系统中更是一个特别的存在，信息是一种特殊的构成要素，与运输、仓储等活动相伴。比如，在运输环节开始前，必须了解货物的数量、重量、目的地等信息，如果是航洋运输，需要了解班轮的到达时间、离港时间等；如果是航空运输，需要了解航班号、起飞时间等；如果是铁路运输，需要了解车辆类型、车皮数量等。物流系统中的任何活动都会伴随着信息的生成、获取、传递、储存和加工利用，作为物流系统的特殊构成要素，信息处理不是一个独立的环节，而是与其他物流活动相伴相生的构成要素。

综上所述，运输、仓储、装卸搬运、流通加工（含包装）是物流系统的四个主要构成要素。配送则是包含了以上所有构成要素的综合性活动。

四、配送特点分析

配送是物流的一个缩影或在某个小范围中物流全部活动的体现。一般的物流是运输及仓储，而配送则是分拣配货及运输，它更关注于按待运输货物的目的地来将其区分，以便于物流操作。物流配送的主要工作有：备货、储存、加工、分拣及配货、配装、配送运输、送达服务。

1. 配送是一个“人机系统”

配送系统是由人和形成劳动手段的设备、工具所组成的。它表现为物流劳动者运用运输设备、装卸搬运机械等，作用于物资的一系列生产活动。在这一系列活动中，人是系统的主体。因此，在研究物流系统的各方面问题时，把人和物有机地结合起来，作为不可分割的整体，加以考察和分析，而且始终把如何发挥人的主观能动作用放在首位。

2. 配送是一个可分系统

配送可以分解成若干个相互联系的子系统：包装系统、装卸系统、运输系统、储存系统、流通加工系统、回收复用系统、信息系统、管理系统等。

3. 配送是一个动态系统

配送总是联结着多个生产企业和用户，随需求、供应、渠道、价格的变化，系统内的要素及系统的运行也经常发生变化。配送是一个具有满足社会需要、适应环境能力的动态系统。为适应经常变化的社会环境，人们必须对配送的各组成部分不断地进行修改、完善，这就要求配送系统具有足够的灵活性与可改变性。

4. 配送是一个复杂系统

消费者的需求日益多样化，可供应的资源也极其丰富，资源的大量化和多样化带来了配送的复杂化。从配送资源上看，品种成千上万，数量极大；从从事配送活动的人员上看，需要数以百万计的庞大队伍；从资金占用上看，占用着大量的流动资金；从配送站点上看，遍及全国城乡各地。这些人力、物力、财力资源的组织和合理利用，是一个非常复杂的问题。在配送活动的全过程中，始终贯穿着大量的物流信息。配送系统要通过这些信息把这些子系统有机地联系起来。如何把信息收集全、处理好，并使之指导配送活动，也是非常复杂的事情。

五、配送模式分析

1. 自建物流配送模式

自建物流配送模式是指公司为满足自身发展的需要，自建仓储，自建庞大的物流体系，购买物流相关设备并招聘物流从业人员，自己运作物流配送业务的一种物流模式。在这种模式下，企业自建仓储中心，根据客户需求，由配送中心或配送点提供送货上门服务。一些规模大、实力雄厚的企业一般会采用自建物流配送模式，这样企业可对物流的各个环节进行控制，如图 1-1 所示。

自建物流配送模式对于电子商务网站和制造企业而言，有几个比较明显的优点。

（1）提升配送效率。企业自己组建物流配送系统，减少了中间环节，使货物能更快地到达消费者手中。由于是自建系统，商流与物流易于协调，系统化程度高，是一些规模较大、资金雄厚的企业采用的一种物流模式，比如京东、亚马逊等电子商务企业，再比如海尔等大型制造企业。

（2）拥有控制权。自建物流配送模式使企业对各个环节都能够进行及时了解和控制，商品从一级物流中心到最终消费者手中，中间环节众多，经常会出现异常情况，自建物流配送模式可以让企业及时处理，不留隐患。企业快递员直接与消费者接触，可根据消费者反馈的信息进行及时的战略或决策调整，如果有退货或者换货，逆向物流也容易操作。

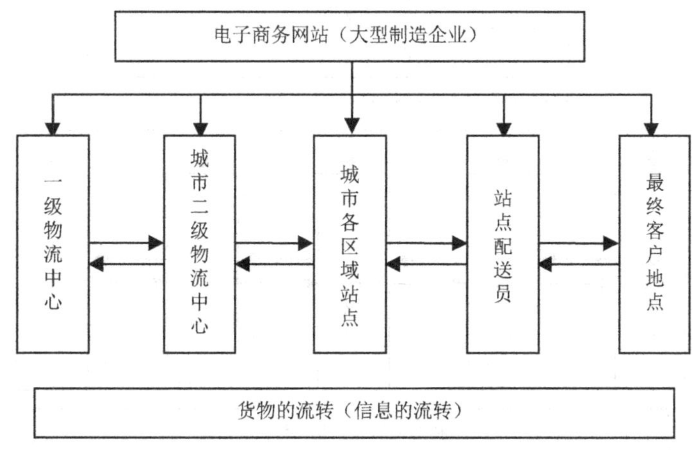

图 1-1 自建物流配送模式

（3）降低交易费用。企业通过自建物流配送模式自行有效规划及管理，将物流、信息流、资金流及商流更加紧密地联系在一起。同时有效解决了信息不对称所造成的不必要的损失，从而降低风险、减少成本。

除了以上优点以外，此模式的缺点也是显而易见的。自营模式成本很高，仓库选址尤为重要，自建物流配送模式需要投入大量资金用于建设各级仓库、各级站点，购置干线运输车辆、城市用厢式货车，招聘管理人员、大量一线快递员等，后续建设还需要继续投入资金维持物流系统的运转，高额的资金投入会使企业资金周转变慢，一旦有突发事件发生，企业资金链断裂，很可能会导致企业无法正常运转。

2. 第三方物流配送模式

第三方物流配送模式模式也叫外包物流或合同物流，是与自建物流配送模式相对应的一种模式。具体是指电子商务企业或者大型制造企业将自己的全部物流业务或者部分物流业务委托给专业的第三方物流公司运作，如图 1-2 所示。

比如宝供物流最初依托于宝洁成长，受益于宝洁先进的管理理念，将宝洁的产品快速、准确、及时地送往全国各地的销售网点。通过与宝洁合作，宝供物流快速成长，成为国内首批第三方物流公司之一，是目前我国最具规模化和专业化的现代第三方物流企业。与国内外众多企业形成战略联盟，为它们提供原材料的采购、储存、分销、加工、包装、配送、信息处理、信息服务、系统设计等供应链一体化的综合物流服务。

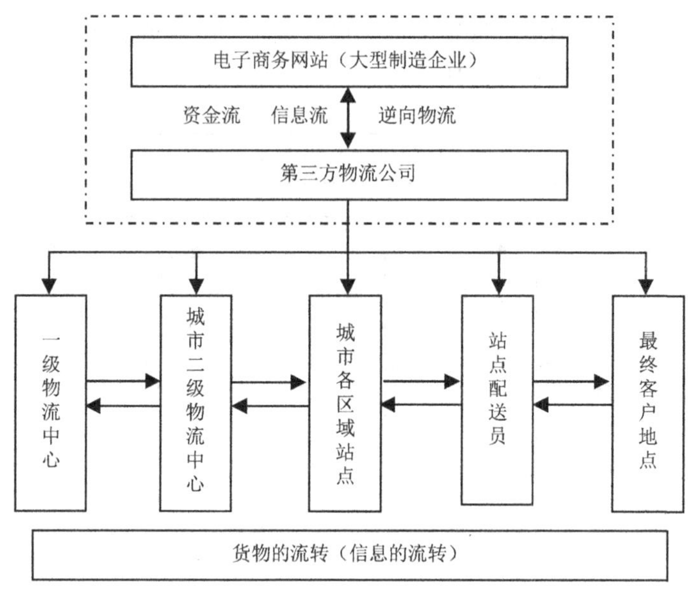

图 1-2 第三方物流配送模式

第三方物流配送模式能为委托企业带来如下优势。

（1）降低物流成本。相比自建物流配送模式，第三方物流企业更为专业，可以更好地实现有效的资源配置，利用其先进的物流设施进行规模化物流操作，而不需要投资相关物流设施，可以集中优势资源专注于自己的核心竞争力。有经验的物流企业还可以在原材料采购等服务方面提供有效建议，可以做到成本更低，服务更好。

（2）提供个性化服务。最终消费者在产品特征、需求偏好等方面存在差异性，专业物流企业可根据消费者的不同需求，提供针对性强的个性化服务和物流增值服务。

（3）提供专业化服务。委托企业在物流方面缺乏经验，专业物流企业可从物流设计、操作流程、物流实施方面给予更专业的协助，这既是第三方物流自身发展的需要，也是顾客的需求，双方合作可实现共赢。

第二节 末端配送

一、认识末端配送

物流业为复合型的大而全产业，末端配送是指物流业务全环节中的最后一段路程，是整个物流过程中的最后而且关键性的一个步骤，即所谓的物流“最后一公里”问题。此问题十分繁杂，可以从多个角度进行分类。比如，从区域来讲，可分为城市和农村物流的“最后一公里”；从货物温度控制要求来讲，可分为常温物流和冷链物流“最后一公里”；从货物重量来讲，可分为超大件、快运和快递等物流“最后一公里”；从物流主体来讲，可分为自营物流、合同物流和众包物流等物流“最后一公里”；从行业来讲，可分为工业物流、商业物流和农业物流等物流“最后一公里”。本书主要对商业物流和农产品物流的末端配送进行研究。

近年来电子商务迅猛发展，国家统计局电子商务交易平台调查显示，2018 年全国电子商务交易额为 31.63 万亿元，比上年增长 8.5%。其中商品、服务类电商交易额为 30.61 万亿元，增长 14.5%①。不可否认，电子商务已经成为百姓生活不可分割的一部分，但电子商务对物流要求较高，对配送的时效性、服务质量和物品的信息追溯性要求都比较高，配送体积较小且数量巨大。

目前，基本形成了电商自建物流系统以及电商与快递公司配合的电子商务物流模式，前者的典型代表如京东商城，后者如“三通一达”都是依附于淘宝平台迅速成长壮大。不论哪种模式，其基本流程都由仓储系统、运输干线系统、运输支线系统以及末端配送构成，如图 1-3 所示。

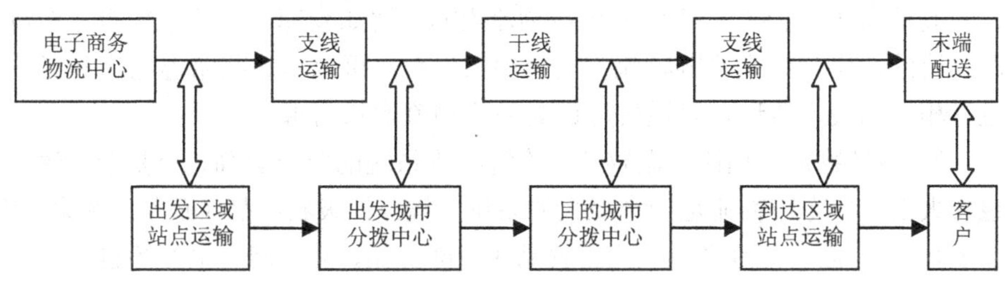

图 1-3　电子商务物流流程图

从图 1-3 中可解读到，末端配送是指送达消费者的物流，是物流中的“最后一公里”，是离消费者最近的物流，是全社会物流体系中不可分割的一环。这些消费者可能处于政府机关、工厂、写字楼、高校以及社区等接收地点，本书主要研究城市社区的末端配送。随着经济的发展和居民生活水平的进一步提高，伴随着网购的普及以及新零售的冲击，很多人已经习惯每天在各种 App 网购，下单的商品种类也日渐丰富，服装、家居用品、生活必需品、生鲜商品等在末端配送中所占的比重进一步上升，且呈现出“小批量、多频次、时效性强、地点分散、客户复杂、服务要求高”等特点。

① http://www.zgxxb.com.cn/xwzx/201902200053.shtml

二、末端配送类别分析

1. 区域角度

中国人口众多，分布不均匀，居住密集度不同，收入不均衡，导致不同的区域呈现出不同的消费特征。拉动中国经济发展的三驾马车——消费、出口、投资中，消费已经是中国经济增长的核心驱动力，在房产、车辆等消费饱和后，经济迎来了新一轮的消费升级，养老、教育、文化、医疗、健康等领域消费大大增加，城市越来越多的消费者跨入中产阶级，注重自身体验，愿意为个性和品质买单。我国农村人口占比近半，长期以来，农村市场充斥着假冒伪劣商品，农村消费者也存在着消费升级需求。我国城乡收入差距大，城市居住密度大，消费水平及规模远高于农村，这样导致了不同的末端配送需求。

2. 温控角度

（1）常温物流。常温物流是指在自然条件下对物品进行储存、运输、装卸搬运、流通加工、配送等的物流全过程。除了农产品、药片、医疗试剂等，大多数商品只需要在常温条件下进行物流全环节的运作，不会因为日常气温的变化引起商品质量的变化。不过，常温并不是指天气温度，比如食品包装上标注的常温保存，一般是指 20～25℃。我国大多数物流设施，比如仓库、运输车辆等，都适合常温物流的运作。将来冷链物流占比会逐渐提高，可以对这些常温仓库和运输车辆进行相应的技术改造，以适应冷链商品的物流增长需求。

（2）冷链物流。相比常温物流，冷链物流系统的要求更高、更复杂，建设投资也要大很多。冷链物流是一个庞大的系统工程。初级农产品（蔬菜、水果、肉、禽、蛋）、水产品、花卉产品，加工食品（速冻食品、禽、肉、水产等包装熟食）、冰淇淋和奶制品、巧克力，快餐原料等，还有特殊商品（药片、医疗试剂）等都需要低温储存、运输、配送。相比消费者已经习惯网购服装鞋帽、生活日用品等商品，生鲜产品的网购习惯正在形成期，众多电商巨头进入物流冷链领域，冷链成为物流领域的一块蓝海。一直以来，冷链物流在末端配送环节经常出现断链问题，在末端配送环节中，速冻牛肉、猪肉等类似商品在常温状态下放置 4 个小时以上不少见，到客户手里已经处于解冻状态，消费者再将产品放入冰箱冷冻，这样多次反复的冷冻和解冻会严重影响食物的品质和口感，冰淇淋类商品的末端配送温控要求会更高，因此，冷链物流的末端配送对配送员、配送车辆、配送工具都有比较高的要求。

3. 重量角度

（1）超大件物流。超大件物流是日常生活中很难接触到的领域，超大件在重量和体积上都远远超过一般物品，通常为石油开采行业、电力行业、大型基础建设行业所需要的设备等，这些物流业务一般由专业物流企业完成，不被普通消费者所了解。比如，大型机械设备方面的物流都不是普通运输车辆可以驾驭的，需要用到特殊的运输工具来完成，甚至很多属于超限运输，需要向公路管理机构申请通行证并按照核定的路线行车。如果需要在市区运送超大件货物，还需要相关部门审查并发给准运证，还可能需要多方统一配送，才能顺利完成运送任务。

（2）大件物流。在大件物流中，消费者接触较多的是大家电和家居物流，大家电包括传统四大家电（电视、空调、冰箱、洗衣机），家居主要包括家具、卫浴、建材、运动器材等，这也是由专营货运的物流企业来完成的。社会物流总额在年年攀高的大背景下，各个物流企业也在不断推出新业务，还将关注点转向更多细分领域。以家居物流为例，长期以来，家居用品物流成本居高不下，业内曾经流传着这样一个说法：一套价值两三千元的高档灯具由中山运往山东，成本价可能只占商品零售价的 15%，而物流成本却可能占商品零售价格的 30%。这其实并不是故事，而是真实现状。从家居建材业发展现状来看，家居物流确实存在运输成本高、消费投诉高等诸多问题，着实是块难啃的“骨头”。即便如此，还是有不少物流企业纷纷进入这一细分市场，争抢分食。德邦快递、京东物流、苏宁物流、日日顺物流就是典型代表。

（3）中小件物流。普通消费者最熟悉的是中小件的配送，是由德邦、顺丰、“三通一达”等快递企业完成的，这是本书主要研究的范畴。近年，顺丰开始进军快运市场，由顺丰与新邦物流合作成立的快运品牌“顺心捷达”，搭建了一张国内零担快运网络，短短两年时间，顺丰发展为快运市场占有率第二位的企业。目前快运与快递的货物重量界限不清晰，但都是末端配送中普通消费者经常接触到的品类。我国快递市场规模依旧高位运行，2018 年，全国快递业务量突破 500 亿件，达到 507.1 亿件，比上年增长 26.6%。全国快递企业日均处理量 1.4 亿件，最高日处理量达到 4.2 亿件，同比增长 25.7%。快递业务收入超过 6000 亿元，达到 6038.4 亿元，同比增长 21.8%。2018 年快递业务量和收入分别是 2010 年的 21.7 倍和 10.5 倍，年均复合增长率分别为 46.9%和 34.2%，远高于同期国内生产总值增速 7.4%，成为新经济的亮点①。

4. 物流主体角度

（1）自营物流。自营物流是指企业自身经营物流业务，典型代表如海尔、京东。做得好的自营物流都基本经历了企业物流一物流企业一平台企业三个转型阶

① http://www.spb.gov.cn/xw/dtxx_15079/201904/t20190417_1814716.html

段。比如，日日顺物流依托海尔先进的管理理念和物流技术，整合全球的一流网络资源，搭建起开放的专业化、标准化、智能化的大件物流服务平台，目前，日日顺已成长为家具、大家电、卫浴、健身器材等行业客户的最佳物流伙伴，为用户提供全品类、全渠道、全流程、一体化物流服务。日日顺也成为菜鸟物流网络的一员，撑起淘宝、天猫的大件配送业务，发挥日日顺在国内首屈一指的送货入户、安装服务、逆行物流等的末端大件配送能力，再比如，京东斥巨资打造物流体系，甚至不惜长期亏损，直到2017年才扭亏为盈。2017年4月，京东宣布成立京东物流子集团，物流业务正式独立运营，开始为各种具有不同物流需求的客户服务，可为客户提供仓配一体、快递、大件、冷链、跨境和众包等物流服务。2017年，京东物流在贫困偏远地区尝试无人机配送，证明了无人机在解决农村“最后一公里”的物流问题上可以发挥重要的作用。

（2）合同物流。合同物流也称为第三方物流，是指企业通过契约形式将自己的物流业务委托给专业物流企业完成的行为，具备关系合同化、服务个性化、功能专业化、管理系统化、信息网络化等基本特征。很多企业选择将自己的物流业务全部外包或者部分外包，过去十年，物流已经成为供应链效率提升的重要推力，物流信息化从后台支持走向前端引领，与被服务企业实现共赢。比如北京城市100物流有限公司，专注于社区、高校等城市区域的末端物流“共同配送”业务，实现了物流快递行业人员、网店等末端资源的高效整合，以C2C快递和B2C配送为基础，以营业门店为载体，整合上下游供应商、服务商，打造面向公众的末端物流配送及社区服务平台。电子商务增速依旧强劲，急需更多的专业企业专注于此领域，降低配送成本，提升配送效率。

（3）众包物流。众包配送方式是在“互联网+”的浪潮下产生的一种新兴的第三方配送模式，比如达达、京东到家、人人快递、蜂鸟、闪送及美团外卖等平台，是由各类商户发单，专职或兼职配送员成功抢单后，将货物送到消费者手中的配送形式，此模式大大提升了电商、外卖等企业的末端配送能力和服务水平。众包模式合理利用了社会的闲散劳动力，优化社会可利用资源。众包模式还可以通过需求预测，适时变动配送人员数量，以降低物流成本。众包模式最大限度地整合了社会可利用资源，并运用在了城市“最后一公里”的物流体系中。比如，京东与达达的深度合作，布局北京、上海、广州、郑州、武汉、杭州等城市的“4小时达”配送体系，共同构建一张遍布全城的由京东物流网点和市内微分拨中心组建的同城配送网络。在乡村配送方面，京东联动达达，将服务渠道下沉至乡村，专门为农村消费者提供一站式服务。可以预测在新一轮的零售变革大潮中，众包物流体系将在末端配送环节发挥重要的作用。

5. 行业角度

（1）工业物流。工业企业是指直接从事工业性生产经营活动的盈利性经济组织。第一类包括石油开采、煤炭开采、金属矿开采、非金属矿开采和木材采伐等采掘工业；第二类包括金属冶炼及加工、炼焦及焦炭、化学、化工原料、水泥、人造板以及电力、石油和煤炭加工等向国民经济各部门提供基本材料、动力和燃料的工业；第三类包括机械设备制造工业、金属结构、水泥制品等工业，以及为农业提供生产资料如化肥、农药等的工业。

工业物流以集中采购为主，以零部件加工为核心，引导仓储、运输、配送企业发挥协同作用，将企业订单管理、库存、运输、仓储管理、物料处理以及包装管理优化成一个有机整体，使得物流过程能与供应链整体运作保持同步。工业物流具有价格变化波动小、订单数量较为恒定、大包装货物多等特点。物流业的发展对于工业企业具有重要意义，物流运转越快、效率越高，工业企业的效率也就越高。我国是制造业大国，制造业是国民经济的支柱型产业，工业物流的发展状况对于整个物流产业的发展具有重大意义。2017 上半年，工业品物流总额达到 110.3 万亿元，占社会物流总额的比重为 92.8%。中商产业研究院发布的《2017—2022 年中国工业品物流行业市场前景及投资机会研究报告》显示：2017 年全年工业品物流总额预计达到 228.8 万亿元，预计同比增速为 6.97%，预计到 2018 年底全国工业品物流总额将接近 250 万亿元[①]。工业企业种类多，物流活动差异大，物流环节繁杂，包括供应物流、生产物流、销售物流和回收物流主要环节，末端配送点分布在工业企业的各个区域，下一步操作也千差万别，是物流业最为复杂的研究领域，不属于此书的研究范畴。

（2）商业物流。生产企业主要是借助设备等对原材料进行加工，最终生产出消费者需要的产品。商业企业就是买进货物，然后转手卖给他人，从中获取利润。商业企业主要是通过对商品的购进和销售，完成商品由生产领域到消费领域的转移过程，满足消费的需要。商品的购进、运输、储存、销售是流通过程中的四个基本环节。商业物流其实是工业物流的延续，是通过批发、零售和储存环节，把各生产企业的产品在一定物流据点集中起来，然后再经过储存、分拣、流通加工、配送等业务，将商品送到消费者手中的整个过程。

在电子商务崛起之前，还没有末端配送这个概念，消费者到实体店购买的大家电、家居产品等大件物品，是由商家的物流部门在约定的时间配送到消费者的家中。消费者在商场、超市、市场购买的服装鞋帽、生活日用品、瓜果蔬菜等，

---

① http://www.askci.com/news/chanye/20171220/141516114336.shtml

都是由自己搬运到家中的。

近十年，消费者经历了电子商务从崛起到繁荣的过程，淘宝、天猫的出现使得消费者逐渐培养出在电子商务平台上购买服装鞋帽、生活日用品的习惯。2018“天猫双 11”全天成交额为 2135 亿元人民币，超过 2017 年的 1682 亿元人民币，再次创下新纪录，也是“天猫双 11”10 周年以来首次突破 2000 亿大关。共有 210 个品牌成交额过亿元，远超 2017 年“双 11”的 167 家品牌。相比 2009 年 27 个品牌参与，销售额为 0.5 亿元，增长速度是非常惊人的①。

京东的出现使消费者逐渐培养出网购大家电的习惯，中国电子商务协会大数据应用与体验经济研究院发布的《2018 中国电器线上市场分析报告》显示，2018 年 1—9 月家电零售额达 3460 亿元，大家电线上零售总额为 1750 亿元。其中，天猫和苏宁组合占比近四成，而作为线上线下最大家电和消费电子方面的零售单体，京东在家电网购市场仍以 60.9%的份额遥遥领先。京东、天猫和苏宁三大电商龙头的家电、手机、数码电脑等网购零售额均有大幅增长，但市场格局基本没有改变。京东在电器线上市场保持领先，天猫继续追赶，苏宁紧跟，竞争激烈②。

从以上分析可以看出，消费者网购商品种类丰富，数量众多。尤其是北京这种以消费为主导的城市，每天源源不断地输入大量快递，对末端配送的效率提升来说是极大的考验。

（3）农业物流。农业属于第一产业，农业的劳动对象是有生命的动植物，获得的产品是动植物本身，农业是支撑国民经济建设与发展的基础产业。农业主要包括种植业、林业、畜牧业、渔业和副业五种产业形式。通常来讲，农业物流分为供应物流、生产物流和销售物流，本书主要研究销售物流，即农产品物流。农业分布范围十分辽阔，农产品种类丰富，生产周期都不同，产成品质量受天气、环境等外部因素影响大。农产品的分散种植、易腐性、品种多、品质差异大等特点都决定了农产品物流的难度，一是包装难，二是运输难，三是仓储难，四是配送难。虽然我国农产品物流活动出现得比较早，发展却很缓慢，严重滞后于工业物流和商业物流的发展。

大多数农产品的运输、储存和配送需要冷链物流保驾护航，冷链物流泛指冷藏冷冻类食品在生产、储存、运输、销售，到消费前的各个环节中始终处于规定的低温环境下，以保证食品质量，减少食品损耗的一项系统工程。这几年，众多

---

① http://tech.ifeng.com/a/20181112/45219944_0.shtml

② http://www.jdxfw.com/html/2018/sjbg_1031/25949.html

生鲜电商前赴后继，使得消费者逐渐养成了网购生鲜产品的习惯。随着顺丰优选、本来生活、中粮我买网等垂直生鲜电商的崛起，还有天猫、淘宝、京东、苏宁等大型综合平台，物美、永辉等传统卖场电商，新零售代表盒马生鲜、7fresh 的加入，生鲜电商为消费者提供了众多可选择的平台，网购渠道越来越丰富，末端冷链配送形式也日趋丰富，这也是本书后面研究的重点。

三、末端配送区域分析

本书主要分析以上流程中的最后一个阶段，即末端配送，也就是所谓的“最后一公里”。经过几年的发展，“最后一公里”派送依旧困扰着电商行业、物流行业、快递员、消费者、城市管理者等，虽然发展了共同配送、智能快递柜等末端共享服务平台，但效果并不乐观，快递企业依旧各自为政，并没有实现资源的有效整合。

城市的末端配送区域种类很多，不同的区域需要不同的配送模式，这给投递工作造成了诸多困难，比如高校、商务区、社区、政府机关、中小学、商圈、工厂等很多末端配送区域，情况千差万别，使得末端配送工作极其繁杂。本书只针对高校、商务区、社区这三种最有代表性的城市末端配送区域进行分析。

1. 高校区域分析

大学生作为年轻的网购群体，接受新事物快，几乎所有的日常消费都在各种电商 App 上完成，近年来，网购数量和金额都在逐年增加。尤其众多大学城内，高校云集，很多大学城的学生数量总数逾 10 万人，人员密集度大，每天取发快递数量巨大，促销节日期间，大学城快递站点更是会屡屡出现爆仓情况。因此，高校区域的末端配送特点非常突出。

（1）快递流量大。高校学生作为网购的主要群体，日网购订单量远大于社区的日订单量。中国教育后勤协会校园快递工作委员会、菜鸟网络、阿里研究院联合发布的首份《校园快递行业发展报告》显示，2015 年我国内地高校包裹数约占全国总量的 6%，大学生人均年收快递 16 个[①]。985 和 211 院校，日快递数量都在 2000 件以上，“双 11”期间快递数量会翻番，不少院校网购高峰期的日快递量会破万。据南京市邮政业安全发展中心统计，2017 年全市快递量达 4.5 亿件，其中高校占到近四分之一。

（2）派送集中度高。高校大学生及研究生群体一般居住在学生公寓，居住密度大，派送集中度高。但高校通常不允许快递员进入，因此高校不具备为学生送

① http://www.sohu.com/a/117209520_231683

货上门的条件。目前智能快递柜、校内集中提货点等模式已经磨合得较为成熟，学生们已经适应下课后到提货点取快递，多家快递在高校门口摆摊等取快递的热闹场景已逐渐消失，大大提高了高校末端配送的效率。

（3）购买商品种类分析。高校网购群体中，女生占绝大多数，购买最多的商品为服装鞋帽，其次为零食、化妆品等；男生购买最多的商品也是服装鞋帽，除此之外，更倾向于购买运动产品、数码及电子产品等。另外，随着每日优鲜等生鲜电商的崛起，大学生网购生鲜商品的比例也在逐年递增，尤其水果类商品，大学生需求量较大。近年，大学生订外卖非常普及，外卖相比快递，时效性极强，外卖员无法进入校内，无法做到共同配送，需要学生及时到指定地点自取。

（4）高校快递小件居多。高校学生网购多以个人为单位，高校网购特征主要表现为消费频次高，但人均单次网购金额低于社会平均水平。高校学生的单次网购消费金额较低，据对某高校学生的调查统计，50%以上的消费位于 30～60 元和 60～100 元这两档。不过，近年大学生购买金额逐渐呈现出上升趋势，也向高质量、品牌化趋势发展。另外，通过对高校门口快递派送摊位的观察，发现高校网购中的小件快递偏多，占比 80%以上。不过，这几年的新生开学季，每年的 9 月，高校收到的大件包裹越来越多，大多数是新生寄来的开学物品，重量达 30 千克的包裹不在少数。

（5）高校快递存在空档期。高校放假期间，不仅快递数量大大减少，大学城内的其他商家也会间接“享受”假期，一到假期，很多餐馆都要靠裁员来节省开支。寒暑假期间，在校居住的学生数量大大减少，快递数量也相应大比例下降，每日快递数量至少减少三分之二，相比上课期间快递多得摆在地上的场景，假期期间连店内货架都摆不满。另外，校园提货点的学生工作人员也无法正常在岗，负责此区域的快递员在寒暑假期间就需要做出调整，调整负责片区、工作方式等，以适应高校假期模式下的不同工作量与快递流量。

高校末端区域是三个区域中人均快递数最多的，高校快递具有数量多、体积小、上课期间和寒暑假期间快递数量波动大等特征，派送集中度高，适合智能快递柜和校园自提点模式。大快递量也会带来一定的退货量，存在逆向物流需求，自提点会有数量较大的发快递收入，发件和派件的收入能够维持提货点的正常运行，实现可持续发展。

2. 商务区区域分析

商务区主要是指商务活动集中进行的区域，我国一线、二线城市都有发展较为成熟的商务区，比如北京复兴门附近的金融街、北京 CBD 商务区等商务办公集中区域，此类区域是国内众多金融、保险、地产、网络等高端企业的办公地，不少世界 500 强公司将办公地点首选在这类区域，从业人员的学历和收入都相对较高。商务区区域也是非常典型的末端配送区域。

（1）公司商务快递件较多。此类区域有大量的商务办公企业，基于公司之间业务来往需求，合同、公函、保险等商务文件的寄送需求量巨大，保密性、安全性、时效性要求很高，对快递价格敏感度低，可以接受高水平、高价格的快递服务。顺丰速运的大量快递来自此类客户，截至目前，顺丰也牢牢把控着快递中利润率最高的商务快递件的最高份额。此外，此类区域经常会因为业务需要，对同城配送，比如闪送、达达等类似即时配送存在大量需求。

（2）私人快递小件居多。此区域工作人员多，收入较高，网购也较为频繁。女性工作人员绝对是网购主力群体，购买私人自用小件物品居多，比如零食、化妆品、饰品等办公室直接使用的商品，或者方便携带回家使用的小件快递。购买中大件等需要家庭使用的商品，一般不会选择派送到办公地点。当然，此区域也会有办公家具、办公用品，甚至装修材料等中大件物品需要配送，这些中大件商品的配送属于物流货运的范畴，本书暂不研究此区域物流货运的末端配送。

（3）配送时间为工作时间。城市的商务区属于集中办公区域，网购人群为朝九晚五的上班族，配送时间需要与工作时间一致，非工作时间无法进行配送。不过，相比社区配送，一线快递员更愿意负责此类区域的工作，配送量大，集中度高，单位时间内配送效率高，快递员也更愿意在工作时间内完成当天的工作任务。另外，收件集中度也较高，快递员在此类区域如果有几个长期固定客户，相比负责居民社区的快递员，每月的收入会相对较高，稳定性也较高，是快递员愿意选择的工作片区。

（4）工作时间和休息时间快递量不均匀。由于周末和节假日工作人员休息，这期间即使有快递到达站点，也无法完成配送，需要待周一上班后完成。对于负责此类区域的快递员而言，工作日和休息日的工作量差距大，站点负责人会根据整体负责区域及时进行调整。如果碰上“双 11”“618”等网购节日，周末会积压大量快递，导致周一的快递派送任务量加大，这期间就需要快递网点合理调配资源，以最快的速度完成配送，以免造成快递长期积压的现象。

（5）生鲜产品配送需求比例逐渐加大。与高校相比，没有内部就餐区的商务区对外卖的需求量更大，上班族经常会加班，加班期间也会有巨大的外卖需求量。另外，对咖啡、水果切等同类商品的需求量远远高于其他末端配送区域，这些商品要求极高的时效性，都需要外卖系统的即时配送体系来完成。

综上所述，商务区的末端配送具备非常典型的特点，快递高端件偏多，要求安全快速到达，有一定的保密性，可以接受较高的快递价格，除了顺丰之外，还可以选择同城闪送服务，实现更好的时效性。工作人员私人网购的小件快递如果不能直接送货到人，可以送货到公司前台，或者利用此区域的智能快递柜来辅助完成。相比高校、社区，快递员更愿意选择在商务区工作，除了日常可以高效率地为客户大量派件，还有客户的大量取件需求，机遇和挑战并存，快递员可以挖掘自身的潜力和客户的需求，为自己带来更可观的取件收入。

3. 社区区域分析

与高校区域与商务区相比，城市社区建设年代、规模大小、楼盘等级、居住密度各异，社区末端配送的难度和复杂度要远远高于以上两个区域，以下就针对社区的网购特点进行分析。

（1）社区构成复杂。社区规模不同，有超大社区，比如北京的天通苑社区，总建筑面积约 600 多万平方米，与此同时，也有不少小而精社区的存在。社区档次不同，比如北京、上海、广州等很多城市，都是奢华高端社区和大量老旧社区共存共融。社区封闭度不同，全封闭社区、半封闭社区与全开放社区并存。社区位置不同，有的社区位于城市核心地带，有的社区位于远郊区域。社区人员构成不同，隶属于某单位的社区，居住人员构成相对简单，居民之间熟悉度高，原住民占比高；大部分商品房社区居民构成复杂，来自全国各地，居民之间不甚了解。社区居住密度不同，既有如北京天通苑、回龙观等高密度的超大社区，也有居住密度极低的别墅类社区。以上这些因素造成了不同社区网购特点的差异，最终导致了不同的社区末端配送特点。

（2）社区居民网购集中度较低。与高校和商务区相比，高校学生大多为 18～25 岁，商务区工作人员 50 岁以上人士比例较低，年龄大多也处于青年阶段。这两类区域人员都属于偏好网购的类型，喜欢尝试新事物。社区人员构成复杂，我国某些城市已经进入老龄化社会行列，60 岁以上老人每天活动的主要范围离不开社区，社区除了老人还有大量 18 岁以下低龄人群，相比高校和商务区，社区有效网购人群占比较低，主力网购人群为家庭主妇等。不论何种社区，日网购平均订单数量都无法与高校相提并论，因此，社区网购集中度较低。不过，社区网购的平均订单金额会比另外两个区域高。

（3）社区居民网购多元化。与高校和商务区相比，居民社区网购商品种类更加多元化，除了服装鞋帽、生活用品、零食、化妆品等相同需求外，还会购买前两个区域人员极少购买的非水果类生鲜商品、厨房用具、清洁用品、家居用品、大件电器、大件家具、装修材料等。居民社区网购多为以家庭为单位的消费行为，为了满足家庭日常生活需求，网购商品种类比高校、商务区丰富得多，除了淘宝、天猫、京东之外，中粮我买网、本来生活等生鲜食品网站也是社区家庭主妇经常光顾之地。因此，以上网购特点会使得社区快递的大小、包装种类更加繁杂，决定了社区大中小件并存，不过相比大件物品的购买比例，中小件物品依旧占比较大。由于网购多元化，社区的末端配送比前两区域复杂，难度大，并且对智能快递柜的类型和格口大小提出了更大的挑战。

综上所述，社区的规模、档次、位置、居住密度、封闭度以及人员构成等要素决定了社区的购买特点，不同的购买特点导致了不同的社区末端配送特点，需要根据不同特点构建不同的末端配送体系。

第二章　社区末端配送

第一节　社区末端配送概述

一、社区末端配送的含义

社区末端配送是物流大系统中的最后一步，是末端物流系统的一个重要分支，是配送成本最高的一环，是以社区为单位，为社区居民，即社区网购消费者提供的末端物流配送服务。社区末端配送解决的就是如何将网购商品及时、准确地配送到社区居民手中，完成商品从电商仓库到社区消费客户的最后一段距离。

二、社区末端配送的特征

1. 社区末端配送情况更为复杂

相比高校和商务区，社区末端配送有着更多的不确定性，城市居民社区规模不一、档次不一、位置不一、人员构成不一、居住密度不一、封闭度不一等诸多不同特点，物业对待物流的不一致态度决定了社区本身的繁杂性。不同的社区会有不同的网购种类和数量，比如老人占比大的社区和年轻人占比大的社区就具备不同的网购特点；社区全封闭和全开放也决定了不同的末端配送模式；中小学附近的社区和远郊区县的社区也具备不同的网购特点；居住密度大的超大社区和居住密度低的社区的也需要不同的末端配送模式；高端社区和老旧社区也需要不同的末端配送方式。再者，社区物流具备多品种、小批量和高频次的特点，消费者的个性化需求日益多元化，物流件的规格也多种多样，这些都导致了社区末端配送的复杂性。

末端配送面对的最终消费者位置不同，物流的特点也互有差异。工作单位、写字楼、高校的消费者，他们工作、学习时间固定，单次物流件数较多，物流从业人员可以合理规划，安排每天固定时段的物流工作量，即可以获得较高的工作效率。然而，从事社区末端配送的工作人员，就必须面对较多的未知性，比如老旧小区无电梯、家里无人收货等问题，他们的工作就较为被动和复杂。总之，应在分析每个社区的具体构成因素的基础上，去搭建不同的末端配送体系。

2. 社区末端配送效率低

（1）社区消费者居住较为分散。相比高校和商务区，单位面积人员密度大，社区消费者居住较为分散，网购集中度低，相同的快递数量，快递员需要花费更多的配送时间去完成。尤其是北京、上海的一些老旧社区完全开放，物业不负责代收快递，智能快递柜安装艰难，此类社区 6 层以下楼房居多，基本无电梯，负责这类片区的快递员劳动强度大。另外，这类小区老人较多，网购人群比例较低，快递投递会较为分散。比如，50 户左右的一个居民楼，快递员派送 5 个快递，经常在多个单元中跑上跑下，配送一个楼层较高的快递需要花费 3 分钟以上，这还是假定家中有人的情况，可以一次配送完成，没有二次配送情况出现。因此，社区末端配送效率大大低于高校和商务区的末端配送效率。

（2）社区配送需要多次投递。社区居民白天家里经常没人，导致一次投递不成功，出现第二次甚至第三次投递的多次投递情况。在高校和商务区，如果消费者本人不在，可以委托熟悉的同学和同事代收快递。大城市的社区居民之间交流沟通少，邻居之间在居住多年后还互不认识的情况非常常见，因此，多次投递情况在社区配送中屡见不鲜。极端情况下，还会出现与消费者联系不上，无法投递，出现快递被退回的情况。末端配送从业人员每人负责有限的派送范围，相比写字楼和高校，社区末端配送从业人员的负责范围看似较小，实际需要面对社区消费者的诸多不同状况，社区居民位置区域上分布较散，接受物流服务的时间不确定，再加上各种不同的交通状况，都在一定程度上加大了社区末端配送的服务难度，从而导致了此环节的低效率。

3. 智能快递柜推广使用艰难

与高校和商务区相比，社区安装智能快递柜更为艰难。社区的不同情况，快递柜的选址，物业是否支持，都是社区安装智能快递柜的直接影响因素。即使已经安装了智能快递柜的社区，快递柜在社区的位置、消费者使用快递柜的意识、超期不取的额外储存费用等因素都会成为快递柜推广使用的阻碍。很多社区消费者习惯了快递上门，短时间内难以从被动等快递向主动取快递改变。另外，智能快递柜使用期间，一旦损坏，维修无法及时跟上，居民很容易弃之不用。除了中小件快递，社区消费者购买大件和生鲜商品的比例都在逐渐加大，智能快递柜格口尺寸无法放置大件快递，更不适合生鲜商品使用，也是需要使用技术不断改进的地方。

4. 社区中大件商品消费占比大

与高校和商务区相比，社区居民网购呈现多元化态势，种类更丰富。电子商务发展日益成熟，很多家庭的日常用度基本全部来自网购。社区网购通常以家庭为消费单位，会经常进行家具家电、家居用品等中大件商品的消费，此类快递所占比例要远远高于前两个区域，配送成本会大大提高。数据显示，消费者网购家居用品的占比迅速增加，据网易数据统计，2018 年“双 11”家居成交过亿元品牌超过 43 个。其中，红星美凯龙、居然之家、林氏木业、索菲亚、TATA 木门、全友家居、顾家家居、欧派家居、左右沙发、喜临门等均步入亿元品牌俱乐部[①]，红星美凯龙由于促销力度大，销售额累计近 300 亿元。数据显示，消费者非常喜欢网购梳妆台、家用书桌、可拆洗沙发等家具品类。中大件配送难度大，比如，网购的大件家具，配送时需要厢式货车，这样的车辆需要准运证，如果配送地点在城市的核心区域，还需要在交通管理部门规定的时间内配送。如果是网购的小件家具，比如衣架、鞋架、收纳箱等，通过快递来运输，对于末端派送的主要交通工具——电动三轮车而言，承载能力有限，中大件快递占比大，快递员半天需要配送的快递就不能一次运完，需要在站点和社区之间来回奔波，分批配送，这对快递员按件提成获得收入是不利的，“双 11”这类网购狂欢节更是巨大的考验。另外，社区网购的快递单件平均重量也要高于前两者，对快递员的体力也是一种考验。

5. 社区冷链商品消费占比大

近年来，生鲜电商井喷，阿里、苏宁、京东等电商巨头也纷纷加入社区生鲜电商的竞争行列，零售模式的变革，线上线下和物流全面融合，大数据、物联网、各种智能算法、移动支付的发展，促进了网购生鲜商品的品质和配送速度大大提升。以前大家习惯在超市、农贸市场购买的蔬菜、水果、奶制品、禽蛋、水产品等生鲜商品，也逐渐开始通过网购获得。众所周知，冷链物流难度大，成本高，生鲜商品保存难度大，损耗比例高。比如，农贸市场的绿叶类蔬菜损耗高达 20%，超市的损耗率稍低，也在 10%以上。居民收入水平日益提高，居民已从吃得饱向吃得好转变，消费者开始追求生鲜商品的新鲜度和品质，对全程冷链和配送的时效性要求较高。社区的冷链商品消费远高于前两区域，对生鲜末端配送的要求更高，冷链配送是较为专业的物流领域，不是“三通一达”类快递企业可以完成的，针对此模块的研究将在后面的章节专门展开。

6. 社区网购快递数量年年递增

2018 年“双 11”全网消费总额为 3143 亿元，同比增长 23.8%，天猫淘宝成交 2135 亿元[②]，天猫淘宝的物流件数突破 10 亿件。据中国邮政局统计，2018 年，全国快递服务企业业务量累计完成 507.1 亿件，同比增长 26.6%，从以上数据可以看出，虽然不断有新网购人群的加入，但网购人群的购买频率逐年提升也是事实，呈现出多品种、小批量、高频率的特征，这些变化直接导致快递数量年年递增，

① http://www.jiajumi.com/news/chn/27488.html

② http://finance.eastmoney.com/news/1374,20181119988014185.html

虽然自 2018 年起，增速已呈下降趋势。但对于那些没有智能快递柜和提货点的社区而言，完全靠快递员上门来完成快递的派送，这使社区末端配送的压力与日俱增。尤其每年的“双 11”“618”等网购节日高峰，快递员工作量成倍地增长，很多负责社区配送的快递员从早上 7 点工作到晚上 9 点，这是快递员网购狂欢节后一段时间常见的工作节奏。

除了以上主要特征，社区末端配送还需要面对客户的诸多不同状况，再加上交通状况的不理想，难免会有众多矛盾和问题产生，比如配送的时效性差，送达的货物被损坏，快递业服务态度差等问题。上述已提及和未提及的社区末端配送的特征分析见表 2-1。

表 2-1　社区末端配送的特征分析

序号	特征	描述
1	社区末端配送情况复杂多变	社区规模大小不一、封闭度不一，居住密度不一，社区对快递员的出入管理力度不一，物业代收快递的态度不一等都决定了社区配送的复杂性和多变性
2	社区末端配送成本较高	社区配送包裹种类多、包裹大小不一、消费者分散，居民在家时间不定，快递包裹经常一次送不到位，需要投递多次，末端配送成本甚至占据整个快递成本的三分之二
3	社区末端配送效率低	当网购商品到达快递网络最后一级分拨站点时，每个快递员负责有限的派送范围，即社区、校园或商业区等，当进入末端配送环节后，虽然配送距离短，但社区居民居住分散、快递时间和居民工作时间冲突，对配送直达有很大影响，从而降低了配送效率
4	配送对象分散	虽然每个快递员派送范围有限，但相比写字楼与高校，社区网购消费者在楼盘位置区域上分布较散，且接受时间不定，在一定程度上增加了配送难度
5	多品种、小批量、高频次	消费者的个性化需求日益显现，网购商品种类几乎全覆盖，社区居民的快递也五花八门，规格、尺寸、体积等方面的多种多样，家用电器、家居用品、生鲜商品都在经常网购的范围之内，这类商品的配送难度更大
6	物流系统中唯一与消费者直接接触	社区末端配送是将商品及时、准确、完整地送到消费者手中，可能会有签字验收，或者代收货款等行为发生，是整个网购流程中唯一与消费者面对面接触的机会
7	需要配合安装	社区居民网购大件比例高，家用电器、家居用品都需要专人配合安装
8	开箱验货及返还退货	很多电商卖家要求开箱验货，客户在接收时需要检查货物的完整性，如发现损坏可以方便及时办理退货手续，这项工作也必须当面进行

以上特征决定了社区末端配送的复杂性和难度，我国物流成本居高不下已是不争的事实，而实际上“最后一公里”，甚至“最后 100 米”恰恰是成本最大、人财物浪费最严重的一个环节。比如，冷链物流公司快行线就曾经核算过这项成本，“我们可以用每包 8 毛钱的成本把水饺从上海运到北京的总仓，用每包 5 毛钱的成本把水饺从北京的总仓运到北京的所有超市。但如果把一包水饺从北京的仓库送到消费者家里面，就需要十几元钱，最高的成本就发生在这最后一公里的最后 100 米”①，末端配送成本之高，可见一斑。

第二节　社区末端配送的货物分析

社区网购种类繁多，不可能都由快递公司完成。物流业大而全，是复合型产业，包括运输、仓储、装卸、搬运、包装、流通加工、配送、信息等行业。和大家生活联系最密切的当属运输行业，运输行业从货物重量角度又可以细分为货运、零担以及快递业等。本节从社区网购的货物种类和货物大小来尝试进行一下研究。

一、社区大件商品末端配送

1. 家具家电等大件

社区网购的大件货物通常有家具家电、装修材料等。此类货物的运输通常由零担企业或者货运企业完成，属于大物流体系中短途货运的范畴。于社区单个消费者而言，这类大件货物的购买不是常态，但对于整个社区而言，也是常发生的社区末端配送类型。北京、上海这类大城市交通管制严格，对于货运车辆在城区的运行时间有严格的限制，这类货物的配送就必须与货主事先沟通好时间，家中必须留人，才能完成此次配送过程。比如，因为货运车辆限行时间的限制，北京二环内社区的此类配送，经常在早上 7 点之前完成。

比如，京东的电视、冰箱等大家电，使用专门的货运配送体系，京东以家电起家，一直对家电的重视度较高。除了自营物流，也有经过严格审核的第三方外包货运服务商，都具备 3 年以上的家具配送经验，可以满足京东对物流服务的高要求和高时效性。京东对于大家电的配送服务非常多样化，有 2 小时精准达，也有上午下午随意选的半日达，更有长达 40 天的预约“定制化”上门送货。大家电使用厢式货车送货，自 2017 年起，京东将北京的配送车辆统一更换为电动新能源车，不仅更加节能环保，还能大大降低配送成本，进入末端配送区域也更加便捷。

---

① http://www.360doc.com/content/18/0120/23/41302147_723751112.shtml

对于网购的烤箱、面包机、榨汁机等小家电，使用京东的快递配送体系。

2. 社区搬家

搬家在北上广深这类一线城市市场需求很大，社区经常会有搬家车辆出入，也是短途货运行业的一个分支。社区居民搬家，三口人以上的家庭搬家，家具家电、钢琴等大件物品较多，需要较大型厢式货车完成。另外，大城市有相当多需要租房的单身人士，这类人士搬家频率较高，会产生大量的小件搬家业务，也属于社区末端配送的一种。比如，2018 年 8 月，“58 速运”升级为“快狗打车”，利用了“互联网+短途货运”的方式，采用人工智能等信息技术，以互联网思维、大数据技术有效解决了信息不透明、匹配效果差等问题，在客户与司机之间建立起直接沟通的平台，通过用户端 App，储存了大量 C 端客户，让城市居民搬家变得简单容易。

从以上分析可以看出，社区居民的大件运输通常是由货运企业承运完成。随着百姓的生活需求日益多元化，整个货运市场将会进一步细分，用户拉货、搬家、运物品等短途运送及交易服务的需求增长，城市短途货运行业的市场规模和发展前景较为乐观，作为“最后一公里”的关键一环，社区居民的短途货运需求是社区末端配送的构成部分，也是社区末端配送研究不可或缺的一部分。

二、社区网购中小件商品的末端配送

除了部分网购的生鲜商品，社区居民网购的中小件商品基本都由快递企业进行末端配送的，但快递企业对于不同类商品的操作难易度也是不同的。

1. 服装鞋帽和纺织产品类

在各种有关网购产品的调研中，服装鞋帽和纺织产品都是消费者最喜欢网购的一类产品，也是占比最大的一类产品。此类产品中小件居多，属于快递中容易操作的一类，装卸、搬运时不需要特别小心，一般不会因物流操作对货物造成损坏，是快递员喜欢操作的一类。不过，此类产品也有部分体积较大的快递，比如大型号被子，会占据电动三轮车一定的空间。再比如，某些价格昂贵的纯手工制作地毯、挂毯等，用料讲究，做工精致，除了物流的仓储、包装、运输环节需要格外注意外，末端配送环节也需要快递员小心操作，保证货物完好无损地交到客户手中。

2. 化妆品、零食类

化妆品、零食也是网购中受消费者欢迎的产品，不仅社区，高校和商务区消费者购买化妆品、零食的比例也很大。此类快递小件居多，也属于快递中容易操作的一类。不过，爽肤水、精华等护肤品易碎，商家担心物流过程中的商品安全，经常过度包装，对环境造成了很大的损坏，纸箱外圈圈胶带，纸箱内层裹气泡膜、泡沫等，这样“豪华”的快递包装屡见不鲜。快递员需要提高自身素养，减少野蛮分拣、抛扔快递等现象，将货物损坏风险降到最低。另外，保健品、茶叶、酒类等也存在过度包装问题。

3. 小家具、家电类

社区消费者也经常购买鞋柜、衣架、收纳箱等小型家居用品，这类产品在快递中属于体积较大、过长或不规则的快递，在物流中心的分拣线上都需要单独操作，无法批量操作。在末端快递配送中也会占据快递员电动三轮车的装载空间，快递员按送件数量提成，在网购高峰期，会影响末端配送速度。比如，京东电饭锅、烤箱、榨汁机、面包机等小家电的末端配送，是由京东的快递配送体系完成，京东配送体系较为完善，相比其他快递公司，末端配送员流动性不大，熟悉社区各楼楼号和路线，能保证正常的配送速度。

三、社区网购生鲜产品的末端配送

生鲜产品的末端配送区域基本集中在社区，高校和商务区比例较低。近年，随着生鲜产品电商的逐渐成熟，尤其新零售的蓬勃发展，社区生鲜产品 2 小时内的即时配送到达比例逐渐提升，这也符合生鲜产品的高时效性要求。不过，生鲜产品丰富多样，消费者众多，网购渠道多样化，使得生鲜产品末端配送的形式也呈现多元化状态。

1. 传统配送体系

由于某些农产品具有极强的地域性，消费者为了追求口感，会在淘宝网购外地农产品，比如水果、蔬菜类产品，从淘宝购买的生鲜商品依旧使用传统的配送体系，配送时间较长，外地到北京通常需要 2～3 天。农产品的运输对温度变化比较敏感，春秋季温度适宜，一些保存期长的农产品可以承受 2～3 天的长距离运输；冬天温度低，夏天温度高，需要泡沫箱和干冰袋进行配套包装，即使这样，商品腐烂的概率还是很高。进入社区末端配送阶段，需要快递员优先配送，以保证生鲜产品的品质和口感。

在气温较低的春秋冬季，经过适当的包装保护，保质期长的水果和蔬菜使用传统配送体系对商品的品质影响不大，比如苹果、桃等水果，比如土豆、葱头等蔬菜。在气温较高的夏季，绝大多数生鲜商品都经不起 2 天以上的运输时间，在消费升级和消费者需求提高的大背景下，即时配送应运而生。

2. 即时配送体系

自 2017 年起，整个零售行业掀起了零售变革的热潮，出现了多元化的新零售模式。尤其是生鲜电商行业，涌现出众多新零售业态，比如每日优鲜、盒马鲜生、京东 7fresh、超级物种等众多新业态开始走进城市居民的生活，社区消费者通过这类生鲜电商 App 购买水果、蔬菜、奶制品、水产品等生鲜产品的比例逐渐提升。商业模式的变化催生了即时配送的普及，即时配送是物流最原始的形式，即点到点的配送，省去了诸多中间环节，最大化地提高了配送效率。物流在商流中的作用也发生了较大的变化，从被动服务商流到主动拉动商流，从被动前进到主动进行供给侧改革，这些变化都显示出物流领域逐渐呈现全新格局，即时配送作为物流领域的一个分支，目前还处于诸侯纷争的格局，未来几年将会显现出更加强大的生命力。目前这些新型商业业态的社区末端配送都使用了末端即时配送模式，配送模式形式多样，这在后面会专门进行研究。

第三节　社区末端配送常见模式分析

那么，如何解决这“最后一公里”困境呢，单一模式肯定无法解决问题，必须尝试多种模式构建末端物流系统。目前，在社区末端配送中占据绝对主导地位的依旧是快递员主动上门送货，除此之外，较为普及的社区配送模式有第三方末端物流服务平台、菜鸟驿站、便利店自提点、物业代收、京东便利店、苏宁小店以及自助智能快递柜等多种模式。这几种模式虽未占据主流，但都各有其优劣势及适用条件和范围，都可能成为未来解决末端配送问题的主要途径，以下就逐一进行分析。

一、配送员上门送货模式

1. 配送员上门送货模式理解

上门送货是指配送员根据客户的需求，将所购货物送货上门的行为，实现门到门服务。在社区的末端配送模式中，上门送货依旧占据绝对的主导地位，家具家电、装修材料等大件还必须事先预约上门配送；瑜伽垫、家居用品等大量无法放入快递柜的商品需要上门配送；没有自提点和智能快递柜的社区，更是除了上门配送，无其他选择。

目前，在大力发展智慧物流的当下，上门配送依旧占据着末端配送的绝对主导地位。除了某些中大件货物多需要专业人员上门安装，必须选择上门配送。即使不需要上门安装的中大件货物和占比非常大的中小件快递，消费者也宁愿选择送货上门，而不是选择快递点自取，从被动等待到主动自取还有漫长的路需要走。

2. 配送员上门送货模式分析

人工智能发展迅速，人力成本与日俱增，在政府倡导建立智慧城市和智慧社区的大背景下，上门送货依旧占据末端配送模式的主流。近年，外卖和懒人经济盛行，配送上门的比例更是逐年提升，除了前面提到的一些客观原因，最重要的是长期的习惯难以改变，社区居民习惯了在家等货，这就需要逐渐改变居民观念，并设置更完善的社区配套设施，逐渐改变老习惯。本书从快递企业和社区居民的角度对配送员上门送货模式优缺点进行分析，见表 2-2。

表 2-2 配送员上门送货模式优缺点分析

分析角度	优点	缺点
快递企业	为社会提供更多的就业机会	需要配比更多的快递站点，快递网点租金提升
	方便快递员上门揽件	相比其他配送方式，此种模式配送效率最低
		快递员人力成本提高
		居民家中无人时，需要多次投递
社区居民	足不出户取快递，节约时间	透露了家庭住址，容易泄露私人信息
	方便有寄快递需求的居民	

二、第三方末端物流服务平台模式

1. 社区物流共同配送站模式

（1）社区物流共同配送站模式的理解。社区物流共同配送站是指为同一区域的社区网购消费者和其他快递物流设立共同配送中心，在区域中合理选址，建立统一调配中心，由中心统一计划、统一协调，实现社区“最后 100 米”配送的信息标准化、配送区域化、服务集中化。

以北京为例，最典型的是城市 100 共同配送公司，城市 100 作为北京市十二五规划的六大工程任务之一，在北京市政府和相关部门的大力协助下建设，立足社区，以“共同配送”为核心，整合上下游供应商、服务商，打造面向公众的末端物流配送及社会服务平台，以高标准的服务实现快递与用户、社区、高校、物业的和谐统一。截至目前，根据公司官网显示，城市 100 已在北京拥有 146 个营业网点，实现北京区域配送无盲区。以北五环科荟路店为例，店面位于林萃西里倚林佳园社区内诸多底商中，一家挂有“城市 100 • 共同配送”橘红色招牌的物流配送企业特别抢眼，“配送最后 100 米，百姓满意 100 分”，分外引人注目。该配送门店 24 小时营业，主要服务于周边 1 千米范围内 15 个社区的居民，快递员配送或者客户自取，对于距离近的社区居民来说非常方便。

（2）社区物流共同配送站模式的分析。高校为学生设置的快递自提点本质上也属于共同配送站的类型，由于高校人员密集度高，平均快递数量多，高校相关部门支持此发展模式，学校无偿提供地点，还有勤工俭学学生的加入，又有较多的退货寄件收入来维持提货点的可持续发展，高校的自提点模式发展已较为成熟。

比如与很多高校合作的近邻宝，成立于 2013 年，成立之初公司定位于服务校园、社区居民的 24 小时快递自助服务运营平台，经过几年的发展，与高校的合作较为顺畅，与社区的合作推进艰难。社区物流共同配送站没有高校的这些便利条件和优势，大城市门店租金高，人员成本高，政府的鼓励和支持通常是短期的，不会太长久，参与企业需要经过不断磨合和发展，找到适合企业的盈利模式，实现可持续发展。

社区物流共同配送站设立之初，定位为社区的一部分，做社区的传达室，不过，城市之大，社区之多，还须面对与快递企业合作的诸多问题，发展至今，也并不顺利。共同配送站建立之初，是希望有更多的居民可以上门取件，但城市居民生活节奏快，上门取件意愿不高，更愿意快递员上门送件。共同配送站如果只从事末端配送的快递资源整合、派件、取件业务，将很难实现盈利。城市 100 经过几年的发展，除了专注于城市末端配送业务，还大量开拓了城市的同城配送业务，再加上政府的支持，才能维持至今。本书从快递企业和社区居民的角度对社区物流共同配送站模式优缺点进行分析，见表 2-3。

表 2-3 社区物流共同配送站模式优缺点分析

<table>
<tr><th>分析角度</th><th>优点</th><th>缺点</th></tr>
<tr><td rowspan="3">快递企业</td><td>降低快递企业的配送成本，减少快递人员的数量，减少快递人员取件的时间，减少货物重复配送的成本，可以通过路线优化节约配送成本</td><td>前期建设较困难，选址困难，租金和人员成本较高</td></tr>
<tr><td rowspan="2">通过资源整合节省固定设施设备的投入，并可以获得规模效益</td><td>由于多家企业共同使用，容易泄露企业的商业机密</td></tr>
<tr><td>在货物交接、入库管理方面容易产生协调困难、责任界定不清晰、利润分配复杂问题</td></tr>
<tr><td rowspan="3">社区居民</td><td>工作人员经过统一培训上岗，专业素养高，日常操作规范，保证包裹安全</td><td>服务点还不够密集，有大量区域覆盖不到</td></tr>
<tr><td>可根据社区居民的时间享受个性化、差异化、弹性服务</td><td rowspan="2">从等件到取件，观念依旧很难转变</td></tr>
<tr><td>取货时间更灵活</td></tr>
</table>

2. 菜鸟驿站类末端服务平台模式

（1）菜鸟驿站类末端服务平台模式的理解。菜鸟驿站是由阿里巴巴旗下菜鸟网络牵头，建立的面向社区、校园的第三方末端物流服务平台。在服务物流行业的同时，持续提升末端运作效率，并为用户提供包裹代收、代寄等服务，致力于为消费者提供多元化的最后一公里服务[1]。目前，阿里巴巴已建成超过 4 万个菜鸟驿站，成为城市末端配送网络不可或缺的构成部分，在“双 11”等网购狂欢节日中发挥了重要的作用。

（2）菜鸟驿站类末端服务平台模式的分析。菜鸟驿站经过几年的发展，只专注于末端物流业务的驿站，由于业务单一，利润微薄，难以长期生存，不少驿站因为房租和人力成本已经选择关门歇业。反而是小卖店、洗衣店、烟酒零售店等与菜鸟驿站合作的商家，拥有自己的生存主业，通过社会化协同，加入到城市末端配送网络中。快递收发业务，通常是商家的副业，驿站可以为商家增客流，聚人气，还可以增加部分收入，双方实现共赢。本书从商家、快递企业、社区居民三方的角度对菜鸟驿站类末端服务平台模式优缺点进行分析，见表 2-4。

表 2-4　菜鸟驿站类末端服务平台模式优缺点分析

<table>
<tr><th>分析角度</th><th>优点</th><th>缺点</th></tr>
<tr><td rowspan="3">与驿站合作的商家</td><td>增加客流，有提高收入的可能</td><td>增大管理难度</td></tr>
<tr><td rowspan="2">增加代理收发快递的收入</td><td>增加人力成本</td></tr>
<tr><td>出现难界定的货损责任，容易出现纠纷</td></tr>
<tr><td rowspan="2">快递企业</td><td>降低配送成本，减少快递人员的数量，减少快递人员取件的时间，减少货物重复配送的成本</td><td>加入菜鸟驿站的末端快递网络，消费者大量数据信息被菜鸟驿站掌握，快递缺乏控制力</td></tr>
<tr><td>通过驿站实现了集约化配送，大大提高配送效率</td><td>在货物交接、入库管理方面容易产生协调困难和责任界定不清晰问题</td></tr>
<tr><td rowspan="3">社区居民</td><td>工作人员经过岗前培训，专业素养高，日常操作规范，保证包裹安全</td><td rowspan="3">服务点还不够密集，有大量区域覆盖不到</td></tr>
<tr><td>自行去驿站取货，不选择送货上门，一定程度上可保护个人隐私</td></tr>
<tr><td>取货时间较为灵活，某些驿站“双 11”期间 24 小时营业</td></tr>
</table>

三、便利店合作代收模式

1. 便利店合作代收模式的理解

便利店模式被认为是解决社区末端配送难题的重要途径之一，早已成为电商及快递企业争相布局的重地，即将便利店（如社区 24 小时便利超市、药店、烟酒零售店等）作为货物代收点纳入配送环节，以实现货物集中接收，客户可在约定

① https://yz.cainiao.com/index.htm?spm=a2d0c.7662385.0.0.313837f0HRZ7mG

时间到附近或约定的便民店提取货物。便利店合作代收模式在城市的各类社区中都比较常见。

2. 便利店合作代收模式的分析

与菜鸟驿站模式相比，便利店合作代收模式属于单个快递企业与便利店的两者协议行为，某些甚至是快递员与小零售店的口头合作行为，缺乏阿里巴巴这样的大电商平台整合多家快递资源、统一管理、统一标准，如果网购货物有损，难以界定责任，容易产生纠纷。便利店并不依靠代收快递赚钱，采取免费的方式代收快递，快递数量有限，即时收费也很微薄，倒不如通过免费的方式吸引客流，尤其一些经常取快递的消费者，会顺便买一些东西，这样不知不觉就会带来销售额的增长。从快递企业角度来说，二者合作，可以转变快递公司粗放型的运营方式，降低成本，增加收益，同时，也能大大提高配送效率。便利店起到了中转站的作用，大大节省了快递员的配送时间，同时也避免了无人签收和多次配送的情况。另一方面，便利店为快件提供了寄存场所，可以安全地保管货物，保证快件能够及时交付到客户手中，避免了快件丢失情况的发生，有利于减少客户投诉，提升服务质量。不过，便利店合作模式磨合至今，二者合作并不顺畅，并没有成为社区末端配送的主流模式，上门投递依旧占据绝对主流地位。从便利店、快递企业和消费者的角度对便利店合作代收模式优缺点进行分析，见表 2-5。

表 2-5　便利店合作代收模式优缺点分析

<table>
<tr><th>分析角度</th><th>优点</th><th>缺点</th></tr>
<tr><td rowspan="3">便利店</td><td>增加客流，有提高收入的可能</td><td>增大管理难度</td></tr>
<tr><td>增加代理收发快递的收入，不过收益很微薄</td><td>若代发快递量大，可能需要增加人手</td></tr>
<tr><td>能让便利店更具特色和竞争力</td><td>出现难界定的货损责任，容易出现纠纷</td></tr>
<tr><td rowspan="3">快递企业</td><td>前期建设较容易，成本较低</td><td>控制性差，有可能造成客户流失</td></tr>
<tr><td>后期维护成本较低</td><td>反馈信息困难，不利于企业对自身业务的分析和改进</td></tr>
<tr><td>提高配送效率，节省快递员的配送时间，避免了无人签收和多次配送的情况</td><td>便利店合作方不重视</td></tr>
<tr><td rowspan="4">社区居民</td><td>无需透露家庭地址，一定程度上保护个人隐私</td><td>不能被普遍接受，在不得已的情况下选择</td></tr>
<tr><td rowspan="2">对位置便利的消费者利用率较高</td><td>提货点若不在客户期望的距离范围内，增加客户负担和不满意程度</td></tr>
<tr><td>取货时间的灵活性得不到充分体现</td></tr>
<tr><td>随时取件寄件，节省等待上门时间</td><td>便利店服务水平难以保障</td></tr>
</table>

四、O2O 类末端配送模式

1. 常见 O2O 类模式介绍

O2O 即 Online to Offline，将线上和线下完美结合，将互联网等信息技术与线下店完美对接，在享受线上优惠价格的同时，又可享受线下优良的服务。目前 O2O 与末端配送结合的常见模式有京东便利店、天猫小店、苏宁小店以及前几年非常火热的顺丰嘿客店等。

（1）京东便利店模式。2017 年 7 月，京东新通路事业部宣布推出一套打通品牌商—终端门店—消费者的京东便利店智慧管理系统，计划在线下创建创新型智慧门店，即京东便利店。京东便利店打造之初，就是被作为京东智慧物流体系的构成部分及社区末端物流体系自提点的补充。

京东 O2O 模式基于线上大数据分析，与线下实体店网络广泛布局，并与“最后一公里”的极速配送优势互补。2018 年 4 月，在 2018 年中国“互联网+”数字峰会上，京东集团董事会主席兼首席执行官刘强东提出“开放赋能，打造无界零售”的新零售理念，也提出每天要新开 1000 家京东便利店的举措。京东的目标是每 300 米有一个便利店，有京东的品牌、京东的商品，配合京东精准的供应链，并为周边消费者提供末端配送服务。规划是好的，现实是残酷的，在 2018 年下半年就陆续传出不少京东便利店亏损并关店的新闻，尤其是开在农村的大量京东便利店，没有得到京东的人员培训、供应链对接等实质性帮助，京东便利店质优价美的商品，在农村市场反响较小，京东便利店的发展遇到瓶颈。

（2）天猫小店模式。电商经过多年突飞猛进的发展，红利期已过，线上的引流进入瓶颈期，电商大佬们纷纷从线上走到线下，积极开拓线下门店，寻找线下流量入口，这股竞争趋势蔓延到了零售的最终端，社区居民的身边。天猫小店是阿里巴巴推出的线下零售店，由阿里巴巴零售通事业部承接，为便利店经营者提供渠道解决方案，天猫将通过品牌授权方式搭建线下门店“天猫小店”，传统店铺通过阿里巴巴零售通平台升级后的智慧小店，实际就是通过加盟的形式，将一些潜力大的零售店或便利店纳入整个阿里生态体系。采用加盟的方式，可以让天猫小店以最快的速度进行线下网店的铺设，主要通过与原来传统社区零售店合作，进行天猫门脸、天猫货架、天猫电子屏、POS 机系统等硬件的改造，并且从供货来源、供货品类等供应链方面也进行相应的改造，传统店铺被改造后，可享受特殊进货渠道、专享货物，以及大数据等服务[①]。天猫小店背靠强大的淘宝和天猫，

---

① http://www.sohu.com/a/207482507_115768

采购与供应链优势还是十分明显的，天猫小店的定位就是专心服务社区，选择在消费者住所附近 100～500 米的范围内，可以为社区居民提供更多优质商品，比如，海外的进口商品和创意十足的淘品牌商品等，另外，天猫小店也可作为菜鸟全智慧物流系统的末端节点之一。

（3）苏宁小店模式。在消费升级的当下，苏宁旗下的苏宁小店也加入了疯狂开店的队伍，据不完全统计，2018 年新开门店达 4000 多家。苏宁通过苏宁小店将线上、线下两种业态相互融合，通过智能运营和高效的物流配送，进行线上、线下的重构。苏宁小店采用 O2O 线上、线下双中心运营的模式，大多设立在社区、商务区、地铁口、医院等人员流量比较大的区域。苏宁小店采用“线下便利店+线上 App”的模式，通过“苏宁小店+前置仓+苏宁秒达”，打造即时配送的“黄金搭档”，主打生鲜、日配和互联网特色服务，满足消费者购物、一日三餐、闪送等生活购物和日常服务需求，线上下单半小时极速配送。未来苏宁小店将为消费者提供社区内的服务，包括快递代收发、家居维修、清洗服务、中介服务等一系列增值服务。目前，苏宁小店已经提供例如打印复印、共享充电宝、水电煤缴费等智能便捷服务；还有结合苏宁智慧零售生态的服务，比如免费空气洗衣机、微波炉、洗碗机等；未来可为用户提供定制化服务，比如蛋糕定制、鲜花定制、照片打印等。同时，苏宁小店还在不断丰富其服务内容。与京东便利店、天猫小店不同，苏宁小店更突出为社区居民提供多元化的服务，通过优质而全面的服务，为居民提供更便利、更具品质的社区生活①。

（4）顺丰嘿客店模式。顺丰嘿客店面虽早已销声匿迹，但却是此行业的最早试水者，也值得我们研究。顺丰是一家主要经营国际、国内快递业务的企业，为广大客户提供快速、准确、安全、经济、优质的专业快递服务，是中国速递行业中民族品牌的佼佼者。“嘿客”是顺丰旗下社区服务 O2O 店，主要通过整合渠道资源主打四大服务体系：商品预购、网购线下体验、便民服务、快件自寄自取。依托顺丰速运行业领先地位，渗透关联度高、凸显竞争优势的电商领域，为顾客提供更灵活、更便捷的线下社区服务体验，打通用户体验的“最后一公里”。

2014 年 5 月 18 日，顺丰嘿客正式推出，很快就达到 2000 多家线下门店。短时间内开店数量惊人，但很快这个当时被业界称为“四不像”的业态遭遇滑铁卢，2015 年“顺丰嘿客”改名为“顺丰家”，但依然没有扭转局面，此项目产生了 16 亿元左右的巨额亏损。顺丰嘿客于顺丰而言，是一个典型的跨界失败案例，但却为近年京东、阿里、苏宁全面铺开线下 O2O 店提供了很多可借鉴的宝贵经验。2016

① http://xian.qq.com/a/20181122/013564.htm

年 11 月，顺丰嘿客的线下店面统一改为顺丰家，无论是顺丰家还是顺丰嘿客，都在与线上电商顺丰优选进行整合，实现线上、线下的一体化，定位于销售进口商品、生鲜商品等。此次升级为顺丰家，整合顺丰优先+顺丰家+顺丰金融+顺丰快递+便民服务为一体，在于突出社区服务功能，为社区用户提供生活速递类、免费便民类及私人定制类等服务功能，这样的服务功能会逐渐增加。与顺丰嘿客当初大规模铺店时相比，顺丰家谨慎了许多，关键在于提高用户体验，希望在初期做深做扎实，而不是片面追求铺店数量，一家店成熟之后再开始复制其模式到新店。

2. 常见 O2O 类模式的分析

顺丰嘿客首创了“O2O+末端配送”模式，属于快递公司自建 O2O 店，主要扎根在城市社区。京东便利店分布在城市和农村，农村还是京东便利店铺设的主要区域，不过，农村的网购能力和消费水平都有限，导致农村的京东便利店盈利艰难。天猫小店是阿里布局线下实体店的重要一环，也可成为整个菜鸟物流体系中的末端配送重要节点之一，与京东便利店类似，都是着手于改造原本的夫妻店、小卖部、小超市为主，且两者在进货渠道以及进货方式上也是如出一辙。苏宁小店基本为直营店面，为苏宁打造智慧服务生态圈的重要一环，最终实现任何时间、任何地点、无限场景的购物消费，苏宁小店是离消费者最近的业态，可以作为苏宁其他业态终端服务的最有力补充与承载体，苏宁小店将成为连接各环节的“核心轴”。

下面从电商公司和社区居民两个角度对常见 O2O 类模式优缺点进行分析，见表 2-6。

表 2-6 常见 O2O 类模式优缺点分析

分析角度	优点	缺点
京东便利店	京东统一管理，有效整合京东的末端快递资源，减少京东快递员的数量	未有效整合其他快递企业的资源，应尽量无偿提供给其他快递企业共享
	销售京东自营产品或代理产品，保证商品质量，线下体验感强	由于农村消费水平不高，快递也缺乏规模经济，门店盈利艰难
	成为京东末端物流系统的有效节点之一	为社区居民提供生活便利服务不足
	为社区居民服务，建立与居民的良好关系	门店主要为加盟方式，开店数量增长快，统一管理难度大
		不同区域的店面缺乏产品差异化策略
天猫小店	依托阿里强大的零售平台，进货成本低，商品质量有保证	主要为线下零售店，部分小店承担末端配送站点功能

续表

分析角度	优点	缺点
	统一接入阿里的智能门店管理系统，提高效率，节省成本	为社区居民提供生活便利服务不足
	为社区居民服务，建立与居民的良好关系	门店主要为加盟方式，开店数量增长快，统一管理难度大
		不同区域的店面缺乏产品差异化策略
苏宁小店	基本为直营店面，统一管理难度小，消费者满意度较高	具备快递收发功能，为苏宁强大物流系统的重要节点
	主打生鲜、果蔬、熟食等品类，致力于将其打造成每个社区的“共享冰箱”，容易拉近与社区居民的距离	直营模式开店，数量增长慢
	位于社区、商务区不同区域的门店，采取差异化产品策略	
	为社区居民提供丰富多样的生活便利服务，并且提供家电维修、清洗、彩票购买等增值服务	
顺丰嘿客	顺丰采取自营模式，自建店面，控制力强，可提供更灵活、更便捷的快递服务	前期建设较困难，选址困难
	店面功能多，线下体验，提供店内宣传和现场下单服务，提供自寄自取、现场验货等多项增值服务	采取直营模式，投入成本最高，市场定位模糊，盈利模式不明朗
	逐步减少快递员的使用数量	电商功能大于快递功能
社区居民	工作人员专业，规范统一，保证包裹安全，服务可信度高	店面覆盖区域还不够
	可享受多项服务，除收发件业务，还可享受线下体验、线上下单等服务	商品预购、线下体验服务不突出，体验效果不佳
	取货时间更灵活，寄件可享受优惠	
	保护个人隐私	

五、物业代收模式

1. 物业代收模式的理解

此处的物业是指社区的物业管理部门，是现代社区不可缺少的一部分，是社区居民的大管家，为社区业主服务，以人为本，全面提高业主的居住质量，营造一个稳定、安全、舒适、健康的人居环境，促进社会和谐发展。一个高水平的物业管理部门可以提升社区的管理水平。物业代收模式即小区物业管理部门参与到快递社区配送环节中，帮助业主代收快递的模式。一些物业企业乐于帮忙代收快递，收派员将快件送到小区以后，先是自行派送，然后会将派送不成功的快件放在物业处并告知业主。然而，更多的物业却对代收快递避之不及，拒当快递中转站。因为快递涉及私人物品，物业代签，如果出现快递损坏、丢失等问题，就会产生责任纠纷。所以，物业管理企业对参与社区末端配送的态度有截然相反的主张。

2. 物业代收模式的分析

物业代收模式发展至今，物业管理部门愿参与其中的越来越少，由于出现了快递丢失、快递损坏等事件，难以界定责任，物业管理部门也不愿承担此项损失。物业一旦统一代收快递，很多快递员为了省事，本应该送到消费者家中的快递，也一并送到物业管理部门。有的物业管理部门一天要帮业主收取1000多份快递，本来的义务服务牵扯了很大精力。目前，越来越多的物业管理部门直接拒绝为业主代收快递，如果还有愿意代收快递的物业管理部门，也需要事先与业主签订代收快递免责协议。物业管理部门首先撇清了责任，才愿意承担此项工作。很多物业管理部门明确告知业主，物业工作人员收到快递后，无需再和业主进行电话确认就可以直接收件，但前提是业主必须带上有效证件，到物业管理部门签订一份“快递代收委托协议”，协议规定物业管理部门将代替业主临时保管快递，但不承担物品损坏的赔偿责任。责任心强的物业管理部门会加强接收、保管、转交三个环节的控制。本书从物业管理部门和社区居民的角度对物业代收模式优缺点进行分析，见表2-7。

表2-7 物业代收模式优缺点分析

分析角度	优点	缺点
物业管理部门	通过提供此项服务与业主搞好关系	管理人员不足
	为业主服务，能提升物业的隐形价值	注意规避安全风险
		物业空间有限，若代收快递量大，需要单独设置空间
		权责不明确，易产生纠纷
社区居民	空间位置近，方便取件	出现货损、丢失等纠纷，难界定责任
	保护个人隐私	低端社区物业费较低，不容易开展这项工作

六、智能快递柜模式

末端智能投递是智慧物流发展体系中至关重要的一环，除了已经发展了几年的智能快递柜，还有近年京东、阿里、苏宁、顺丰、美团已经研制开发出来的各种款式的无人配送车、无人机，不过，短期内，由于各种政策所限，无人配送车和无人机都无法在城市末端配送中大显身手，目前较为普及的只有智能快递柜。

1. 智能快递柜模式的理解

2012 年，中邮速递易率先在国内开启智能快递柜业务。智能快递柜就是通过智能手段将传统的配送、交接和寄存的某些特定物品在用户自由的时间送达用户手里，安全高效智能的一种柜子。它是人们对生活品质的追求越来越高和对个人隐私保护要求越来越高的前提下产生的。

在国外，智能快递柜已有十多年的发展历史，而国内的兴起不过才短短几年，却是各快递、电商企业的发力点。同时智能快递柜也已从快递公司的自主行为上升到国家层面。目前市场上主要有两种快递自主提货柜：一种为快递企业或电商企业自己建立的提货柜，如京东、顺丰的智能快递柜；另一种为第三方企业推广的智能快递柜，如速递易快递自提柜及地铁口的快递自提柜。

2. 智能快递柜模式的分析

智能快递柜经过几年的发展，在高校和城市商务区运营得比较成熟，高校学生和商务区工作人员都已经形成习惯，只要快递能放入智能快递柜，一般会选择智能快递柜收发件。智能快递柜不失为解决社区配送最后一公里难题的有效途径之一，但因为社区类型和特点众多，社区网购种类丰富多样，智能快递柜在社区的发展较为缓慢，社区即使安装了智能快递柜，也会经常听到这样的抱怨“快递员变懒了，家里明明有人，却直接扔到智能快递柜，就直接发个短信，遇到工作忙，没时间去取，还要面临超期收费的问题”。因此，社区智能快递柜的发展面临消费者不买账、市场盈利难等多重尴尬，从投放智能快递柜的企业、快递企业、快递员、物业和社区居民五个方面对智能快递柜模式优缺点进行分析，见表 2-8。

表 2-8 智能快递柜模式优缺点分析

分析角度	优点	缺点
智能快递柜投放企业	建设智慧城市和智慧社区的必备配套设施，政府鼓励发展的朝阳产业	可投递快件有限，适合外形标准体积较小的快递，不能实现全品类覆盖
	无需工作人员值守，节省人力物力	前期投入高，后期维护费用高，仅靠快递业务盈利艰难
		大型社区选址困难
	机身可投放广告，增加收入	需要分析社区类型，进行有针对性的投放
快递企业	可以集中派送，显著提升配送效率	
	缓解用工成本上升、快递员招聘难等问题	
	改善“双 11”等网购节日快递爆仓问题	

续表

分析角度	优点	缺点
快递员	无需等待，减少电话或当面沟通时间及成本	无当面验货，可能会产生纠纷
	快递柜投放，节省派送时间	投快递可能需要快递员交费
	集中投递，减少配送次数	
物业管理部门	节省场地，安静整洁，提升小区安全度	需要专人监督管理，加大管理费用
	避免丢件，减少因代收快递与业务产生的纠纷	
	增加租金收入	
	减少快递堆积，提高业主满意度	
	提高社区智能化水平，助力智慧社区建设，提升生活品质	
社区居民	24 小时自助服务，随时取件，时间合理分配	无法正常当面验货签收，若破损无法界定责任
	提高快递安全性，用户体验好	非标准件以及大件快递无法使用智能柜
	有效保护居民隐私，提高生活质量	
	操作简单，存取方便	

第四节 社区末端配送常见模式发展建议以及未来前景探析

从以上分析可以看出，社区末端配送虽然模式众多，但占据绝对主导地位的还是快递员主动上门投递方式。尤其近年“懒人经济”盛行，社区快递订单和外卖订单与日俱增，这都促使社区经常遍布着快递员和外卖员的匆匆身影。无论共同配送、O2O 体验店、便利店自提等模式，共同特点是集中投递、自助提货，目前看来，这些模式在社区发展得不算成功，但又都存在着极大的发展潜力。下面从成本、适用社区、使用商品、发展建议和未来前景五个角度对以上常见模式进行分析，见表 2-9。

除以上常见的模式外，电商界也在不断推出新的尝试，比如，一辆红色的印有京东 LOGO 的“移动自提车”每天中午 12 点至晚上 10 点都会停在地铁 13 号线回龙观站前。在这期间，京东用户可以在自提车窗口，从身穿京东配送服的快递员手中，领取到自己购买的商品包裹。这种移动自提车是京东物流配送末端多元化的最新尝试[①]。

表 2-9 社区末端配送常见模式发展前景以及建议分析

常见模式	投入成本	适用社区	适用商品	发展建议	未来前景
配送员上门送货	快递企业投入成本高	适合老旧社区，不适合高档封闭社区	所有商品	人力成本逐渐提升，不建议大力发展此模式。建议大力发展其他模式，以减少一线快递员的使用数量	短期内依旧占据主导地位，随着人们观念逐渐转变（从“等快递”到“取快递”转变），社区配套设施逐渐完善，此模式占比会逐渐减少
第三方物流共同配送模式	前期投入成本高	所有社区	所有商品	主张政府出面，引导快递企业整合资源，扩大经营网点，业务量需提升，发展冷藏品宅配	此模式能够实现对社区末端配送整体资源的优化配置。选择合适店面进行建设，快递企业之间的合作模式需细化，并进行合理的费用分配
菜鸟驿站类模式	与现有商家合作，成本较低	所有社区	所有商品	阿里需要选择更有责任心、合作意愿更高的商家，经过统一培训后上岗。应更系统地进行整体规划，进行有效的资源整合	菜鸟驿站可以向农村区域发展，也可以向 O2O 模式转型，位于社区周边的菜鸟驿站可以考虑为社区提供更多的生活服务
便利店、烟酒超市合作模式	成本低	便利店发展成熟的社区	中小件商品	寻找最佳位置的便利店，方便社区居民取件，否则会影响客户取件体验，另外，还可适当延长营业时间，方便客户取货。签订合同，明确权责，进行适当利益分配	我国大多城市便利店的数量和密度都不够，社区居民对便利店依赖度偏低，选择管理规范且密度分布够广的便利连锁店合作，难度更高，不便于提取货物；另外，快递企业无法控制提货过程，有可能造成客户流失，因此此模式不会成为社区末端配送之主流
顺丰嘿客店自营模式	成本最高，前期投入和后期维护费用都不低	所有社区	所有商品	嘿客应扎根于社区，通过快递布局，深入社区，推出更多民生服务内容，拉近与社区居民的距离	网络初步成型，门店效应显现，近两年难实现盈利，通过与社区多方面磨合，提升社区居民的体验感和满意度，最终实现收益多元化

① http://www.kaixian.tv/gd/2014/0804/7838903.html

续表

常见模式	投入成本	适用社区	适用商品	发展建议	未来前景
京东便利店模式、天猫小店模式、苏宁小店模式	通常为加盟合作模式，成本较低	所有社区	所有商品	各大电商平台纷纷抢占线下资源，作为O2O模式，店面位置很重要，最好选择社区周边，人流量大的位置，有利于末端配送业务的开展	此类O2O模式是较为适合为社区服务的模式，除了电商自己的产品外，应多挖掘周边社区居民的需求，通过企业现有的资源渠道，为居民带来更质优价廉的产品，拉近与社区居民的距离
智能快递柜模式	成本高，会有进场费、电费、短信通知费等额外费用	封闭社区	高频率的中小标准件商品	主张政府主导建设，实现智能快递柜的广泛覆盖，体现公益属性。选择合适的地点放置智能柜，不宜过于偏僻，24小时监控取件过程，防范货损等风险	智能柜进社区是必然趋势，网络铺设后，需要扩大运营收入，比如快递员的使用费、广告平台费、寄件费用等，另外可提供与民生息息相关的增值服务等
物业代收模式	成本低	管理完善，品质较高社区	中小件商品	可将快递费用纳入物业服务成本，适当收费，提高物业收费标准。签订协议，将此服务写入《物业服务合同》，明确权责	物业位于社区，拥有与生俱来的位置优势，政府部门鼓励品质较高、管理完善的社区物业开展代收快递服务。将来在法律完善、合同细化的背景下，此模式也将被物业逐渐接受和开展

社区末端配送“最后一公里”的问题从来都不是单一模式能够解决的，目前，快递的上门服务依旧是大多数社区居民的需求和习惯，但我们应该从发展的角度，发展更多让社区居民感到方便的智能快递柜等自助模式，构建一个多种配送模式并存的社区末端配送系统，首先让这些自助模式成为上门服务的重要补充，随着消费者观念和习惯的逐渐改变，这些自助模式将会主导社区末端配送系统。

第三章　社区商业与末端配送

第一节　社区商业介绍

一、社区商业的含义

依据中华人民共和国国内贸易行业标准《社区商业设施设置与功能要求》（SB/T10455—2008），定义“社区商业”概念如下：以特定居住区的居民为主要服务对象，以便民、利民和满足居民生活消费为目标，提供日常生活需要的商品和服务的属地型商业。

社区商业主要为社区居民需要提供日常生活服务，消费群体十分明确，通常为社区内部居民和周边居民。社区商业历来被称为“黄金 2 公里磁场”，社区商业以不可替代的便利性，在城市化进程中始终留有一席之地，目前更是成为电商巨头的线下必争之地。我国的社区商业还处于起步阶段，主要以历史形成的沿街商铺为载体，除了一二线城市的少量成熟社区，大多数社区商业缺乏政府部门、社区的统一规划和组织，社区商业业态五花八门，不同社区之间缺乏区分度。

二、社区商业的类型

1. 社区底商

社区底商型是指利用楼盘底层作为商业用房，这也是目前城市社区商业比较常见的类型。此类型主要是指以社区居民为服务对象，以满足居民基本日常生活为目标的属地型商铺。除了临建的商铺，社区内部商铺的主要消费人群为社区内部居民。分散式的底层商铺对住宅干扰较大，尤其是用作餐饮的底商，营业时间长，晚间时段会对周边居民造成一定的困扰。这种商业形式是自然形成的，缺乏统一规划，业态档次普遍较低，小型夫妻店占比较大，餐饮店占比高，社区商业功能不全。近年，阿里、京东、苏宁等电商巨头们开始 O2O 业态布局，传统夫妻店开始被天猫小店、苏宁小店、京东便利店等线下品牌门店收编，开始转型为智慧社区便利店，有潜力的夫妻小店开始迸发新的生机与活力。

2. 社区商业街区

一些一、二线城市出台了“新建住宅建筑不得设置底商，商业应独立设置”的规定，这就意味着，传统意义上的社区底商在新建住宅里的占比将逐渐降低，在将来新开的楼盘中，住宅和商业都会分离规划设置，社区商业街区就属于此类。社区商业街区是指以平面形式按照街的形态布置单层或者多层商业街区，消费对象主要为小区内居民，部分还辐射到社区外消费人口。内街式集中商业布局与住宅相对分离，干扰不大，便于管理，有利于小区的形象展示。此类商业街区通常是由小区的开发商统一规划的，可以和周边商区形成统一商圈。比如，北京的天鹅湾社区，社区沿街一楼、二楼全是商业，约 3 万平方米，户型面积从 40 平方米到 1000 平方米不等，与朝阳大悦城相邻，已经形成了朝青板块较为成熟的商业圈。

3. 社区商业中心

社区商业中心属于社区商业的高级形态，需要多方设计和规划，以丰富的业态和组合，可以一站式消除居民日常生活痛点。比如，2018 年 5 月，位于北京大兴绿地缤纷城·西岸地下一层的“生活+社区商业中心”举行了揭牌仪式。此项目涵盖了“品质生活”“贴心服务”“便利购物”等三大模块，包括菜市场、便利店、早餐、家政服务、洗衣、美容美发等九大业态以及 28 项基本社区服务功能，并将同互联网和电子商务相结合，一站式满足社区居民的多方位服务和消费需求[①]。标准化社区商业中心的建设运行就是要使社区居民购物更方便，食品更安全，消费环境更优美，服务重回社区。社区商业的发展不仅要业态创新，企业盈利，还要赢得社区百姓的心。

三、社区商业的特点

1. 较强的地域性

社区商业是离消费者最近的商业板块，是以店面周边地域内和周边居民为主要服务对象的零售商业形态，商业功能是“便民、利民”，为地域范围内居民提供日常生活需要的商品和服务。社区商业立足于社区，依托于社区，服务于社区，服务对象明确，消费对象更偏重家庭主妇、儿童及老年人，一般以家庭消费为主。社区商业商圈较小，服务半径一般在 2 千米以内，因此具有明显的属地特征。

2. 业态配套性

社区商业主要是为了满足社区居民的日常生活消费的需要，其业态具有明显的生活配套特征，如生鲜超市、便利店、美容美发、干洗店、餐饮等必备的社区配套业态，规模大的社区还有邮局、银行、旅行社、快递站点等配套便民设施，而一些中高档社区则更多地融入了如宠物医院、咖啡茶艺、家居生活馆、健身会所等业态，使配套更为完善，更趋于品质化。不同社区的商业配套应该需要统一规划和协调，否则每个社区都会建设很多趋同的业态，结果就是重复建设，最后以经营惨淡收场。

---

① http://www.eeo.com.cn/2018/0510/328103.shtml

如果在政府相关部门的统一规划下，不同的社区进行业态错位组合，比如详细研究社区大型购物中心、影剧院、图书馆、健身场所等的不同配置，这样既可以完善整个板块的服务配套，又可以降低重复建设与独立经营的风险。

3. 日常便利性

社区是消费者每天主要的生活区域，社区商业首先要满足消费者“日常性重复”的购买特点，比如水果、蔬菜、肉类、奶制品、水产品等生鲜商品是购买重复度最高的商品，生鲜超市是社区的必备业态，无生鲜超市的社区会有小型菜店等店面。再比如调味品、洗发水、洗衣用品、矿泉水、卫生纸等生活必需品，也属于购买重复度较高的商品，因此，便利店也是必备业态，在传统社区商业中，有了生鲜超市和便利店，就满足了社区居民的核心生活要求。这也是近年阿里、京东、腾讯、苏宁等知名企业纷纷抢占社区线下生鲜超市的原因。

随着居民收入的日益提高和消费的不断升级，居民除了油盐酱醋茶式的日常需求，开始有了更多的健康、体育、文化、娱乐等高层次的消费需求，很多中大型社区开始规划社区娱乐中心、社区图书馆、健身中心的配套业态，满足社区居民的多层次需求，提升社区居民的生活品质。

4. 服务亲和性

社区商业与社区居民空间的距离近，交易频繁，交易额小，交易时间短，成交概率大。日常购买的频繁性，日常多次的见面次数，容易培养出亲近感，使得社区商业更容易成为社区居民愿意亲近的一员，很多居民乐意让社区商业为自己排忧解难。比如，一些城市开始尝试社区养老模式，社区是城市老年人日常生活的主要场所，在社区开设养老服务站，为社区老人创办食堂，整合社区内各种服务资源，为老人提供保洁、助医等服务，这样更容易拉近与社区居民的距离。另外，还有些社区开展亲子活动门店，提供幼儿的短时间照顾服务，为社区居民排忧解难，这些都是建立在双方互相信任的基础上的。在很多成熟的社区中，社区居民与某些社区商业之间已经形成了较为稳固的社会关系。

5. 形式多样性

相比城市核心商业区，社区商业包容度很高，可以是夫妻小店面模式、便利店模式、O2O 体验店形式、连锁超市形式、大型超市形式、商业街形式、大型购物中心形式等，只要是与社区的规模、消费水平、消费习惯一致的，就是社区居民都可以接纳的，上述几种形式就都可以在社区中展现。近几年，社区商业逐渐被赋予了更多的功能，社区商业应该是社区居民的日常活动中心，比如，某些社区推出共享会客室，供大家日常社交使用。据不完全统计，咖啡店、宠物店、快递站点等以前社区很少有的商业业态，近年占比逐渐提升，满足社区居民日益增长的多元化需求。随着社区居民收入的逐渐提高、日常休闲娱乐的日益多元化，很多中高端社区都将逐渐完善日常亲子活动场所、休闲场所、健身场所、社交活动场所等的配套建设。

四、社区商业的发展趋势

1. 社区商业开始转型升级

《决胜全面建成小康社会 夺取新时代中国特色社会主义伟大胜利——在中国共产党第十九次全国代表大会上的报告》提出，我国经济已由高速增长阶段转向高质量发展阶段。城市居民收入逐渐提高，在“互联网+”的大背景下，消费理念不断调整，消费方式也日趋多元化，社区商业也从粗放式增长摆脱出来，调整结构和模式，来迎合不断增长的社区消费需求。比如，很多城市的老旧社区充斥着大量小菜店、小主食店、小饭店等夫妻经营店面，居民希望引进品牌连锁店，引进质量有保证、有特色的农产品，更希望店面除了提供生活必需品外，还可以提供各种维修、洗衣、快递、交费等一条龙的便民服务。社区类型不一，特点不一，转型升级没有统一标准，也需要根据社区的规模、居住密度、居民构成、居民的消费水平、所处的环境和区域进行分析，进行有针对性的转型升级。

2. 从简单消费向复合消费转变

商业模式在不断迭代，在此轮零售变革的浪潮中，社区商业注定是必争之地。我国中等收入家庭占比逐年提升，大量新中产阶层的出现意味着人们低层次的“生理需求、安全需求”已经得到满足，且中等层次的“感情需求和尊重需求”也得到了较好满足，需要追求高层次的“自我实现需求”，表现在社区商业角度，就是要追求更有品质的生活，追求更高层次的精神需求。伴随着社区居民消费的升级，消费观念的改变，很多居民希望社区商业在商业功能上能够更加多样化，引进的产品能更有特色，社区商业不仅仅包含购物、餐饮、娱乐，还要能满足休闲、社交、健身、文化、亲子、养老等多层次的需求。在一些中高端社区，一些知名连锁品牌开始进入社区商业，如星巴克、哈根达斯等不再是城市核心商圈的专利，而是逐渐渗透到了居民的日常生活里。另外，以养老为例，我国很多地区 65 岁以上老人占比已经达到或超过国际老龄化社会标准，在某些城市，65 岁以上老人占比已超 20%，接下来我国将进入急速老龄化的社会，大量老人需要在社区养老，众多社区都急需社区养老中心等配套设施。

3. 从单纯的消费功能向体验过程转变

传统的社区商业主要以提供商品消费为主，转型升级后的社区商业将是社区居民美好生活的载体，除了是社区商业功能的载体，还是实现全方位体验生活的载体。消费升级后，更多的消费者从享受购买结果转变为享受整个购买过程，年轻一代的消费者乐意为自己的个性化需求买单，在这个背景下，就对社区商业的消费体验感和环境亲和度有了更高的要求，包括店面内外部的环境、装饰和摆设，工作人员的服务态度和专业素养，操作是否更便捷化和智能化，是否提供个性化服务等，这些都直接影响居民的消费体验，也是全新商业模式下对商家的挑战和考验。电商巨头纷纷抢占线下市场，一些社区商业将逐渐向场景体验方向转型，比如家居体验馆、艺术创意馆等，将更加注重消费者的参与、体验和感受，对空间和环境的要求也更注重体验性。

4. 社区商业将走向细分市场

社区商业的个性化将成为一种趋势，要根据每个社区的特点配置独特的商业。随着城市的发展和社会的进步，每个社区都有自己的特点：比如，老旧社区，老年人人群占比会比较高；临中小学社区，未成年人群占比会比较高；临商务区社区，白领人群占比会比较高；临大使馆社区，外国人群占比会比较高；高档社区，高收入人群占比会比较高；大型回迁社区，工薪阶层人群占比会比较高等。

城市人口越来越多，结构复杂，尤其是北京、上海、深圳这些超一线城市，集中了较多的高文化层次、高素质人才的区域，消费层次不一、消费结构多元，相应的也会造就各种各样的社区商业。因此，人口构成越是复杂、经济越是发达的城市或区域，其社区商业越会根据不同的消费群体表现出不同类型的社区商业。特别是会出现适当比例的现代型社区商业、高档社区商业、中高档社区商业、大型社区商业、大学城社区商业、文化区社区商业和外国人社区商业等。社区商业将逐步细分化，以适应不同类型和层次的居民需求，实现不同社区、不同商业业态的配置，根据社区的不同需求进行业态的精准定位，关注业态功能的便利性，关注不同业态之间的协同性，关注店面经营的特色性，关注社区商业场所的体验感、文化性等，打造社区商业场所和消费者价值的全面融合。

5. 社区商业将被赋予社会属性

社区商业除了地产属性、商业属性外，还将被赋予更多的社会属性。作为商业类型的重要构成部分，社区商业与社会发展有着紧密的联系，是最能体现城市文明进步程度和生活便利服务程度的商业形态。开发社区商业的同时，要更加重视挖掘其社会服务功能，社区需要商业，商业同时也为社区服务，二者互相联系，相互促进，提升城市商业现代化和服务水平。社区商业将走上统一规划、定位、布局、运营、管理的道路，业态及功能将逐渐趋于合理。近几年，各级政府均已经在分步骤地规划社区商业的发展，在政府的统一规划和支持下，一些南方城市，社区老年食堂、社区综合服务站、老年人日间照料中心等具有民生功能的服务业态开始逐渐进驻社区，这些服务更受居民的欢迎，更有消费黏性，也更具有发展潜力。

社区商业是实现人民日益增长的美好生活需要的重要载体，各级政府的政策红利不断加持，为潜力巨大的社区商业市场注入了更多的活力。近几年，北京一直将社区便民作为重要民生实事项目之一，比如，惠民万家就是政府力推的社区生鲜超市项目，为政府菜篮子工程之一。社区商业已经成为各大商家的必争之地，社区商业是可以直接培养社区居民消费习惯的平台，它具备了刚性需求、接口习惯、活跃客户、客户黏性和品牌忠诚五项特点，正是因为社区商业的上述属性，有成为社区接口的可能，有真实、活跃、高黏度的消费人群，如果一个社区商业品牌真的能成为周边居民不可缺少的生活组成部分，那它的价值想象空间无疑是巨大的。

6. 社区商业将成为资本争夺的重点

社区商业离最终消费者距离最近，与社区居民的熟悉度最高，具备真实、可靠、活跃、高黏度的消费人群，最有可能成为社区商业流量的入口。社区商业作为产业链末端最靠近消费者的一个零售模式，是最可能将制造业、服务业、零售业、金融业和互联网有机整合在一起的衔接模式，通过“互联网+”、移动支付、区块链、大数据等技术，进行线上和线下的全面融合和对接，构建一个为周边社区服务的全新商业生态圈。诸多有利于社区商业发展的政策红利不断出台，为社区商业注入了巨大活力，使社区商业未来发展的潜力巨大。社区商业必然会成为未来商业发展的一片蓝海。以北京为例，随着全市范围的开墙打洞整治行动陆续完成以及北京城区人口疏解任务的逐渐推进，一大批社区小店将慢慢退出社区，国际化、品牌化、连锁化的零售企业将陆续入驻社区。最近这两年，电商的发展增速逐渐下降，电商红利逐渐削弱，吸引客流的空间也在逐渐缩小。2016 年以来，以阿里、京东、苏宁为代表的电商企业，频频在线下发力，拉开了在各大城市、各大街区抢占社区商铺的序幕，尤其是以“小业态”为主，尝试借助实体店来突破电商发展的瓶颈。

城市居民不仅需要繁华的城市、地区商业中心，更需要网点齐全、业态合理、功能完备，并具备一定服务水平的社区商业。从整个消费规模来看，发达国家社区消费占整个社会消费零售额的比例很高，接近 80%，在我国，以北京为例，社区消费占社会零售总额的比例不到 50%，与发达国家的占比差距明显[①]。可见，社区商业的发展潜力和空间巨大，新时代的社区商业需要更精细化，在社区服务和消费体验的结合中，联合众多专业化、品牌化、连锁化甚至定制化的品牌，形成区域化的配套共享，满足消费者更多的消费需求，才能真正成为承载区域生活的主要平台。社区商铺以其稳定的客群，成为了商业品牌高速发展的新生地，电商大佬们都纷纷推出旗下品牌线下店，作为线上流量的有效补充，将线下渠道、

① http://news.china.com.cn/txt/2017-12/11/content_41980294.htm

服务、体验等优势与线上信息流融合，拓展出线上线下深度结合、创新互动的全渠道布局。

第二节　社区商业业态调研

本书作者曾负责“基于社区商业构建北京终端物流体系研究”的课题，在中国社区商业工作委员会和北京市东城区商委的大力协助下，针对北京社区商业业态进行了详细调研。在本次调查摸底工作中，选择了北京市东城区 5 个街道的 5 个社区，其中包括东花市街道南里社区、安定门街道花园社区、和平里街道七区社区、龙潭街道华城社区和东华门街道银闸社区被确定为项目试点工作的重点社区。

一、样本社区的自然情况分析

本次挑选的 5 个社区均位于北京市东城区，既包括 10 年以内的新社区，也有 30 年以上的老旧社区；既有设施较为完善的中高端社区，也有设施陈旧的低端社区。以下为 5 个社区的基本情况。

（1）东花市街道南里社区东与本家润园小区相邻，西与花市枣苑社区相邻，南邻两广大街，北至东花市大街，辖区面积为 0.14 平方千米，社区常住居民 3500 户，是北京市 16 个民族团结重点社区之一，属于 2000 年后新建社区。

（2）安定门街道花园社区北临北二环，南接分司厅胡同，西临北锣鼓巷，东接安内大街。以平房院居多，辖区面积为 0.23 平方千米，社区常住居民 2000 户，老旧房屋居多，属于老城区老旧社区。

（3）和平里街道七区社区东起和平里东街，西到和平里西街；南起和平里北街，北到青年沟街，呈东西长、南北窄的长方形状，辖区面积为 0.17 平方千米，社区常住居民 2504 户，属于老城区老旧社区。

（4）龙潭街道华城社区北起夕照寺中街，东起夕照寺大街，南边与板南社区接壤，辖区面积为 0.45 平方千米，社区常住居民 1431 户，基本封闭式管理，此小区属于 2000 年后新建社区。

（5）东华门街道银闸社区东临皇城遗址公园，西接故宫博物院，南临骑河楼大街，北接景山前街、五四大街，辖区面积为 0.47 平方千米，社区常住居民 1466 户，属于老城区老旧社区。

二、设置调研表

为了调研数据的准确性，课题组设计了两张调查统计表，表 3-1 为“样本社区商业网点一览表”，表 3-2 为“样本社区商业统计汇总表”，并委托社区商业工作委员会协助调研。

1. 表 3-1 说明

表 3-1　样本社区商业网点一览表

社区名称：					
序号	网点名称	所在位置	业态名称	经营面积/m^2	代收快递（是/否）
1					
2					
3					
4					
…					

填表说明：

（1）网点名称：“网点”指在社区内独立经营的经济实体。如果一个网点内有多个商户，需在“网点名称”一栏内注明商户名称或摊位号码。

如：××市场（10 号摊位）××小吃店。

（2）所在位置：按网点的实际经营地址填写。

（3）业态名称：可填写；①水果蔬菜店；②菜市场；③食杂店；④便利店；⑤手机专卖店；⑥烟酒专卖店；⑦餐饮店；⑧大型购物中心；⑨大型综合超市；⑩报刊亭；⑪图书音像店；⑫休闲娱乐；⑬银行；⑭复印冲洗店；⑮照相馆；⑯药品和保健品店；⑰服装店；⑱美容美发店；⑲洗浴；⑳社区医院；㉑洗衣店；㉒社区便民综合服务站；㉓小五金店；㉔废品回收；㉕维修服务站；㉖房屋中介；㉗旅馆；㉘宠物服务；㉙教育培训机构；㉚其他。

（4）经营面积（m^2）：填写目测估计值。

（5）代收快递：本网点是否具有代收发快递的功能。填写“是”或者“否”。

2. 表 3-2 说明

表 3-2　样本社区商业统计汇总表

社区名称	
社区总人数/人	
商户总数/个	
经营总面积/万 m^2	
有快递代收发功能的商户/个	

续表

主要业态情况					
业态名称	数量/个	占比/%	业态名称	数量/个	占比/%
水果蔬菜店			药品保健品店		
菜市场			服装店		
食杂店			美容美发店		
便利店			洗浴		
手机专卖店			社区医院		
烟酒专卖店			洗衣店		
餐饮店			社区便民服务站		
大型购物中心			小五金店		
大型综合超市			废品回收		
报刊亭			维修服务站		
图书音像店			房屋中介		
休闲娱乐			旅馆		
银行			宠物服务		
复印冲洗店			教育培训机构		
照相馆			其他		

填表说明：

（1）商户总数（个）：填写所有网点的总个数。

（2）经营总面积（万 m^2）：填写表 3-1“经营面积/m^2”栏汇总总和。

（3）占比（%）：填写本业态数量与商户总数之比值。

三、社区商业常见业态表

课题组在 5 个社区居委会的协助支持下，发放调研问卷，收集并进行统计分析。与此同时，课题组还进行了多方实地调研，经过充分研究，将社区商业常见业态分为了零售业和服务业两大类，并总结出社区商业常见业态一览表，具体见表 3-3 至表 3-14。

1. 零售业

将零售业分为百货类、食品类、蔬果花类、服装类、医疗保健类、通信类及其他类。

（1）百货类见表 3-3。

（2）食品类见表 3-4。

表 3-3 百货类常见业态一览表

序号	业态名称	业态定义	经营面积/m²	营业时间/h	经营大类	设施设备
1	社区购物中心	位于居住区交接处，由30～50家商户共同在一个屋檐下，实施统一管理的；以满足居民全方位、多样化消费品需求的；集餐饮、娱乐、休闲、购物于一体的“一站式、多功能”服务的商业集合体	≥10000	≈12	百货、食品、烟酒、服装、餐饮、图书音像、休闲	环境舒适、信息系统、电梯、停车场、消防设备等
2	社区百货店	位于居住区周边或居住区交接处，以满足消费者对品牌的追求或个性化消费需求为目标，并提供体验式周到服务的零售店	≥6000	≈12	服装、鞋帽、珠宝、化妆品、家电、食品、快餐、烟酒、图书音像、文体用品、纺织品等	信息系统、电梯、停车场、消防设备等
3	社区综合超市	位于居住区内或周边，以经营居民日常生活所需的多样化、快捷性消费品为主的，同时以满足便捷性服务需求为宗旨的，采取自选式购物方式的中小型零售店	≥200	≈12	烟酒、饮料、副食调料、食品、洗涤用品、蔬果、肉类、粮油、文具用品、日杂、生活服务等	信息系统、冰箱、冷藏柜、标准货架、不少于营业面积30%的存车处（场）
4	家电用品专营店	位于居住区周边或居住区交接处，专门经营品类、品种、品牌齐全的家用电器店铺	≥1000	≈12	冰箱、洗衣机、空调、小家电等	信息系统、不少于营业面积30%的存车处（场）
5	文体用品专营店	位于居住区周边或居住区交接处，专门经营品类、品种、品牌齐全的文体用品店铺	≥200	≈12	文化用品、体育器材	POS机、货架
6	眼镜专业店	位于居住区周边或居住区交接处，为消费者提供配镜、验光等服务，实现眼镜及相关产品销售的专业店	50～80	≈10	眼镜及眼镜用品	POS机、货柜
7	服装专卖店	位于居住区周边或居住区交接处，专门经营品牌服装的店铺	50～100	≈10	服装、鞋帽、饰品	展示架

表 3-4 食品类常见业态一览表

序号	业态名称	业态定义	经营面积/m²	营业时间/h	经营大类	设施设备
1	小型超市	位于居住小区内或周边，以经营日常生活快捷消费品为主的小型零售店	50～80	≈14	休闲食品、烟酒、饮料、粮油、调料、洗涤用品等	POS机、货架
2	便利店	位于居住小区内或周边，以经营居民日常生活基本的、必备的、快捷性消费品为主的，以满足便利性需求为宗旨的，采取自选式购物方式的小型店铺	80～100	≥16	烟酒、饮料、调料品、休闲包装食品、洗涤用品、蔬果、食用油等	POS机、冰箱、冰柜

续表

序号	业态名称	业态定义	经营面积/m^2	营业时间/h	经营大类	设施设备
3	面包房	位于居住区周边或居住区交接处，以经营面包食品为主的专业店	50～80	≥12	面包、蛋糕、饼干等	POS 机、冷藏、消毒柜、操作间、加工设备
4	熟食店	位于居住小区内或小区周边，以经营即食食品为主的专业店	20～40	≈10	主食、肉制品、豆制品等	POS 机、冷藏、消毒柜、操作间、加工设备
5	食品专卖店	位于居住区周边或居住区交接处，以经营即食食品、休闲食品等为主的品牌食品店，一般指老字号食品店	≥100	≈10	糕点、糖果、熟食、零食等	POS 机、冷藏、消毒柜、操作间、加工设备

（3）蔬果花类见表 3-5。

表 3-5 蔬果花类常见业态一览表

序号	业态名称	业态定义	经营面积/m^2	营业时间/h	经营大类	设施设备
1	水果超市	位于居住区周边或居住区交接处，以经营水果为主的店铺	50～80	≈10	鲜果、干果、水果制品等	POS 机、货柜
2	蔬果店	位于居住小区内或周边，以经营蔬菜和水果为主的店铺	50～80	≈10	蔬菜、鲜果、干果、蛋品等	货柜
3	菜市场	位于居住区周边或居住区交接处，以出租摊位为经营方式的、以经营各类农副产品和食品为主的固定零售场所	800～1000	≥10	蔬菜、瓜果、水产品、禽蛋、肉类及其制品、粮食及其制品、豆制品、熟食、调味品、土特产等	上下水系统、防火系统、垃圾处理系统
4	农贸市场（或早市）	位于居住区周边或居住区交接处，以出租摊位为经营方式的、以经营各类农副产品和食品为主的固定零售场所	≥1000	≈10	蔬菜、瓜果、水产品、禽蛋、肉类及其制品、粮食及其制品、豆制品、熟食、调味品、土特产等	上下水系统、防火系统、垃圾处理系统
5	花店	位于居住区周边或居住区交接处，以经营花卉为主的零售店铺	20～40	≈10	鲜花、干花、花卉用品等	专用设备

（4）服装类见表 3-6。

表 3-6 服装类常见业态一览表

序号	业态名称	业态定义	经营面积/m²	营业时间/h	经营大类	设施设备
1	服装店	位于居住小区内或周边，专门经营服装、鞋帽及相关饰品的店铺	50～100	≈10	服装、鞋帽、饰品等	展示架
2	母婴服装（用品）店	位于居住区周边或居住区交接处，专门经营孕妇及婴幼儿服装用品的店铺	50～100	≈10	孕妇装、婴幼儿服装及母婴用品等	展示架
3	饰品店	位于居住区周边或居住区交接处，专门经营饰品类小商品的店铺	20～50	≈10	发卡发带、耳环、皮筋等	展示架
4	内衣专营店	位于居住区周边或居住区交接处，专门经营内衣用品的店铺	50～100	≈10	背心、汗衫、短裤、胸罩、秋衣、秋裤等	展示架

（5）医疗保健类见表 3-7。

表 3-7 医疗保健类常见业态一览表

序号	业态名称	业态定义	经营面积/m²	营业时间/h	经营大类	设施设备
1	药店	位于居住区周边或居住区交接处，专门经营居民常用药品的店铺	80～100	24	中西药、保健品、医疗器材等	货柜
2	医疗用品店	位于居住区周边或居住区交接处，专门经营居民常用医疗辅助性器械或物品的店铺	≥100	≈10	家用医疗产品、保健用品等	货柜
3	保健品专卖店	位于居住区周边或居住区交接处，专门经营调节人体机能，不以治疗疾病为目的的保健品的店铺	50～100	≈10	保健食品、保健药品、保健化妆品、保健用品等	货柜

（6）通讯类见表 3-8。

表 3-8 通讯类常见业态一览表

序号	业态名称	业态定义	经营面积/m²	营业时间/h	经营大类	设施设备
1	手机专卖店	位于居住区周边或居住区交接处，以经营手机或手机配件为主的店铺	≥100	≈10	各品牌手机、手机配件等	货柜
2	电信服务专营店	位于居住区周边或居住区交接处，以提供移动网络服务为主的店铺	≥100	≈10	套餐产品、各品牌手机、手机配件等	货柜

（7）其他类见表 3-9。

表 3-9 其他类常见业态一览表

序号	业态名称	业态定义	经营面积/m²	营业时间/h	经营大类	设施设备
1	小杂货店	位于居住小区内或周边，以销售日用杂品为主的店铺	20～40	≈10	日用杂品	货柜
2	小五金店	位于居住小区内或周边，以销售小五金用品为主的店铺	20～40	≈10	工具、五金零部件、日用五金、建筑五金以及安防用品	货柜
3	书报亭	位于居住小区内或周边，以销售书报类产品为主的店铺	≤5	≈10	报纸、杂志等	货柜
4	烟酒专卖店	位于居住区周边或居住区交接处，以销售烟酒类商品为主的店铺	≥50	≈12	香烟、酒类等	货柜

2. 服务业

将服务业分为生活服务类、餐饮类、文化服务类、休闲服务类及其他类。具体如下。

（1）生活服务类见表 3-10。

表 3-10 生活服务类常见业态一览表

序号	业态名称	业态定义	经营面积/m²	营业时间/h	经营大类	设施设备
1	家政服务站	位于居住区内或周边，以提供各项长期、固定家政服务和临时、流动家政服务为主的服务机构	≥20	≈8	清洁、看护老人婴儿、家务、家教等	服务台
2	维修服务站	位于居住小区内，以提供各项维修服务为主的商业网点（站或点、室内或露天）	≥20	≈8	家电、房屋、钟表、鞋、衣物、钥匙、自行车、箱包、拉锁等	专用工具
3	废品回收站	位于居住小区内，以提供回收各类家庭废弃物服务为主的商业网点（站或点、室内或露天）	≥20	≈8	书报杂志、包装箱、杂物、塑料制品、玻璃制品等	专用工具
4	洗衣店	位于居住小区内，以提供洗衣服务为主的店铺（收活点）	30～50	≈10	干洗、湿洗、修补衣物、清洗家庭用品（窗帘、地毯）等	服务台、操作间、加工设备等
5	美容美发店	位于居住小区内，以提供各项美容美发服务为主的店铺	≥80	≥12	剪染烫发、发型设计、皮肤护理、按摩、保健等	环境舒适、专用设备

续表

序号	业态名称	业态定义	经营面积/m²	营业时间/h	经营大类	设施设备
6	游泳馆	位于居住区内或周边，以提供游泳健身服务为主的经营场所	≥500	≥12	游泳（成人、儿童）、各类健身	环境舒适、健身器材、专用设备
7	早教培训	位于居住区内或周边，以提供婴幼儿早期教育及专业培训为主的经营场所	≥80	≈10	感统训练、托管、乐器、舞蹈、美术、外语等	环境舒适、专用设备
8	洗浴店	位于居住小区内，以提供洗浴服务为主的经营场所	≥200	≥12	洗浴、搓澡、修脚等	专用设备
9	理发店	位于居住小区内，提供理发服务的商业网点（站或点、室内或露天）	≥20	≥12	剪染烫发、刮脸等	专用工具
10	美甲店	位于居住小区内，以提供美甲服务为主的经营场所	≥10	≥12	美甲	专用工具
11	足疗室	位于居住小区内，以提供足疗保健服务为主的经营场所	≥30	≥12	足疗、修脚等	专用工具
12	孕后修复中心	位于居住区内或周边，以提供孕后保健、调理服务为主的经营场所	≥80	≥12	身心调理、饮食调理、塑身等	专用设备
13	宠物商店	位于居住小区内或周边，以提供宠物服务为主的经营场所	≥80	≈12	宠物美容、宠物用品、医疗、托管等	医药消毒、专用设备等
14	汽车美容店	位于居住区周边或交接处，以提供汽车维修保养为主的经营场所	≥200	≥12	洗车、汽车美容、维修、配件、保养等	专用设备

（2）餐饮类见表 3-11。

表 3-11　餐饮类常见业态一览表

序号	业态名称	业态定义	经营面积/m²	营业时间/h	经营大类	设施设备
1	大众餐饮	位于居住小区内或周边，以经营大众菜品、提供早餐、配餐、送餐服务为主的经营场所	≥30	≥12	家常菜、特色菜、主食、肉食加工等	消防设备、消毒设备、操作间等
2	休闲餐	位于居住小区内或周边，以经营大众休闲餐饮为主的店铺（如茶馆、咖啡厅、酒吧等）	≥50	≥12	茶艺、咖啡、酒品、饮料、香烟、小吃等	环境独特、消毒设备、消防设备、操作间等

（3）文化服务类见表 3-12。

（4）休闲服务类见表 3-13。

（5）其他类见表 3-14。

表 3-12 文化服务类常见业态一览表

序号	业态名称	业态定义	经营面积/m^2	营业时间/h	经营大类	设施设备
1	文化馆	位于居住区内或周边，以提供文化艺术交流、培训服务为主的活动场所	≥50	≈10	音乐歌舞等专业培训、内外文化交流、群众文艺活动	专用设备
2	图书阅览室	位于居住区内或周边，以提供图书借阅服务和为现场阅览提供场所服务为主的公共活动场所	≥50	≈10	图书阅览	专用设备
3	社区展室	位于居住区内或周边，以提供社区交流，开展社区宣传、教育为主的展示场所	≥50	≈10	居民交流、社区宣传等	专用设备
4	社区活动室	位于居住小区内，以提供综合娱乐服务的活动场所	≥20	≈10	棋牌、麻将、聊天、绘画、唱歌、舞蹈等	专用设备

表 3-13 休闲服务类常见业态一览表

序号	业态名称	业态定义	经营面积/m^2	营业时间/h	经营大类	设施设备
1	旅行社	位于居住区内或周边，以提供旅游服务为主的商业网点	≥20	≈8	旅游产品、旅游咨询等	服务台
2	棋牌室	位于居住小区内，以提供棋牌娱乐服务为主的活动场所	≥20	≈10	棋牌、麻将等	专用设备
3	会员俱乐部	位于居住区内或周边，以提供健身运动服务为主的、实行会员制的经营场所	≥1000	≥12	健身、游泳、球类、棋牌、商务会晤等	专用设备
4	歌厅	位于居住区交接处，以提供卡拉 OK 娱乐服务为主的经营场所	≥1000	≥12	卡拉 OK 及相关服务	环境舒适，消防设备、专用设备
5	网吧	位于居住区内或周边，以提供上网服务为主的经营场所	≥100	24	上网、休闲食品、饮料	消防设备、专用设备

表 3-14 其他类常见业态一览表

序号	业态名称	业态定义	经营面积/m^2	营业时间/h	经营大类	设施设备
1	旅馆	位于居住区内或周边，以提供临时住宿服务为主的经营场所	≥300	24	住宿、餐饮	消防安全、专用设备
2	银行	位于居住区内或周边的，以提供柜台式、自助式服务的金融机构	≥50	≥8	存取款、缴费、理财产品等	专用设备
3	房屋中介	位于居住小区内，以提供房屋买卖租赁服务为主的商业网点	≥50	≥12	房屋买卖、租赁、咨询等	服务台
4	邮政所	位于居住区周边，以提供邮政服务为主的经营场所	≥100	≈8	邮寄投递、邮政用品等	服务台、专用设备
5	彩票销售点	位于居住区周边，以经营彩票为主的销售网点	≥5	≥8	彩票	专用设备

注明：以上所有业态定义中提出的“开店位置”，是根据中华人民共和国建设部颁布的《城市居住区规划设计规范》（GB 50180—93，2002 年版）的规定划分的，即按居住户数或人口规模分为居住区、小区、组团三级。

居住区户数为 10000～16000 户；人口为 30000～50000 人。

小区户数为 3000～5000 户；人口为 10000～15000 人。

组团户数为 300～1000 户；人口为 1000～3000 人。

四、调研结果分析

获得调研数据后，针对所有业态的数量和占比进行了分析，可以看出不论何种社区，餐饮店占比皆遥遥领先，不过，本书主要列出与构建末端配送系统联系密切的便利店、社区综合超市和社区便民综合服务站三种业态的数据分析结果，并专门进行了具备代收发快递功能门店的数量统计。

1. 东花市街道南里社区数据分析

东花市街道南里社区商业网点总数为 148 个，总面积为 33996 平方米，其中便利店占比为 2.03%，社区综合超市占比为 0.68%，社区便民综合服务站占比为 0.68%。具备代收发快递功能门店的数量为 5 家，具体为烟酒专卖店、洗衣店、便利店等。

2. 安定门街道花园社区数据分析

安定门街道花园社区商业网点总数为 156 个，总面积为 14082 平方米，其中便利店占比为 1.92%，社区综合超市占比为 0%，社区便民综合服务站占比为 0%。具备代收发快递功能门店的数量为 2 家，为一家便利店和一家手机专卖店。

3. 和平里街道七区社区数据分析

和平里街道七区社区商业网点总数为 144 个，总面积为 4736 平方米，其中便利店占比为 1.39%，社区综合超市占比为 0%，社区便民服务站占比为 0%。具备代收发快递功能门店的数量为 1 家，为一家食品店。

4. 龙潭街道华城社区数据分析

龙潭街道华城社区商业网点总数为 31 个，总面积为 5767 平方米，其中便利店占比为 6.45%，社区综合超市占比为 3.23%，社区便民服务站占比为 0.68%。具备代收发快递功能门店的数量为 1 家，为一家便利店。

5. 东华门街道银闸社区数据分析

东华门街道银闸社区商业网点总数为 82 个，总面积为 6352 平方米，其中便利店占比为 1.22%，社区综合超市占比为 0%，社区便民服务站占比为 0%。具备代收发快递功能门店的数量为 1 家，为一家专卖店。

从以上分析可以看出，餐饮店为社区商业中的最常见业态，占比最大。其次，便利店也为 5 个样本社区中的皆有业态。在政府主导下，社区便民服务站在新建社区中已经存在并开始为居民服务，在老旧小区中还需要加紧建设。为淘宝、京东等电商代收快递的店面在社区也较为普遍，大多为便利店、专卖店、食品店等商业业态。

第三节　社区商业业态与末端配送对接分析

在所有的市场行销终端中，社区商业空间上最接近消费者，因此，基于社区商业构建末端配送体系值得深入研究。末端配送是物流大系统中的最后一步，是物流系统的一个重要分支，是成本最高的一环，是以社区为单位，为社区居民，即社区网购消费者提供配送的物流服务。社区末端配送解决的就是如何将网购商品及时、准确地配送到社区居民手中，完成商品从仓库到社区消费客户最后一段距离的问题。

如何以社区商业主要业态为抓手，通过政府引导、政策支持，整合现有资源，建设信息平台，改善现有物流业务流程，提高社区末端配送效率，降低物流成本，是亟待研究的方向。并不是所有的社区商业业态都适合开展末端配送业务，电子商务企业以及专业物流企业在选择对接合作商的过程中，为了可持续发展，应该深思熟虑，慎重选择。

一、选择合适的社区商业业态出发点分析

1. 选择社区常见业态

由于社区档次、规模和管理力度不一，社区商业业态也不尽相同，尽量选择常见业态。5 家社区样本调研数据分析显示，餐饮业为最常见业态，其中安定门街道花园社区占比最高，达到24.36%；东花市街道南里社区占比最低，达到9.46%。通过此次调研，发现餐饮店、便利店、水果蔬菜店、服装店、美容美发店、洗衣店以及废品回收为社区必备业态，需要从这些必备业态中选择与末端配送对接的适合业态。

2. 选择合作意愿强烈的业态

在以上常见的社区业态中，大多会本着能提高店内人气的初衷与电商或物流企业合作，近几年来，便利店、洗衣店、烟酒专卖店、手机专卖店等业态都出现在天猫代收点合作名单中，但在后续合作中，各种问题层出不穷，比如快递件过大、到货后几天不取、快件过多占用空间等。可见，合作意愿虽是必要条件，但只有合作意愿是不够的，到底何种业态最适合对接末端配送，是值得进一步分析的。

3. 选择有储存空间的业态

5 个样本社区的调研数据分析显示，社区商业网点发展规模并不平衡。小到 10 平方米以下的小型店铺，大到 5000 平方米以上的大店都有。尤其是三个老旧社区 10 平方米左右的小型店铺占的比重较大，5 个社区中 40 平方米以下的小店共 290 个，占网点总数的 50.6%，这些小店大多由夫妻或家庭经营，店面环境不佳以及储存空间有限，都不能很好地对接末端配送。因此，必须选择能够单独设立一定储存空间的社区商业业态。

二、选择合适的社区商业业态决策分析

经过以上分析，本书认为，社区便利店是与末端配送对接的最佳的零售业态；社区便民综合服务中心则是与末端配送对接得最佳的服务业态。

1. 便利店对接模式分析

在此次调研中，我们将便利店定义为位于居住小区内或周边，以经营居民日常生活基本的、必备的、快捷性消费品为主的，以满足便利性需求为宗旨的，采取自选式购物方式，店铺面积在 100 平方米左右，营业时间为 16 小时以上的商业业态。快递与便利店合作是指快递企业与高校、商业区、居民社区等消费者集中地区的便利店连锁零售机构合作，便利店提供办理快递公司相关业务的服务，履行快递公司合作授权业务的职责，为客户提供方便、灵活的自寄自取服务的模式。便利店为快递公司自营网点业务的延伸与补充。便利店与快递企业合作业务的开展，扩大了快递企业网点密度，并通过与社区消费者深度接触，逐渐改变消费者从被动等快递到主动取快递的生活习惯，便利店也可从合作中正常获利，真正实现二者的双赢。

便利店+快递的商业模式其实在我国台湾省已经运行得非常成熟，其中也不乏一些成功的案例。台湾黑猫宅急便是代表品牌，它是由我国台湾省统一集团与日本大和运输公司合资成立的统一速递运营公司，为由统一超商授权经营的 4800 家 7-11 提供快递服务。目前，黑猫宅急便在台湾占有 37%的小包裹市场，每年营收可达 40 亿新台币①。

（1）便利店为社区必备业态。从 5 个样本社区的调研数据可以看出，餐饮店数量最多，为占比最高的常见业态，但餐饮店分类众多，比如小吃店、快餐店、大型连锁中餐店等，不同店面的经营规模、经营方式、经营时间都不同，均不适合与末端配送对接。便利店虽然数量不是最多的，但也是每个社区的必备业态，从调研数据分析可得，5 个社区都设有便利店，既有较为规范的连锁便利店，比

① http://www.sohu.com/a/128803339_520133

如京客隆、物美等，也有家庭经营的私人便利店等。社区的便利店少则一家，多则两家以上，因此，在社区配套角度，便利店完全符合此要求。

（2）便利店合作意愿强烈。便利店通常销售生活必需品，希望通过代理收发快递来吸引客流，增加店内人气，带动销售量。对社区内部的便利店而言，其与居民有一定的熟悉度，也乐意为居民效劳，社区居民下班途中取快递的同时，会购买家里欠缺的生活必需品，对于犹豫不决、暂时不需要的商品有时也会临时决定购买，长此以往，会形成某种消费习惯。如果能形成良性循环，不论是对便利店一方，还是对天猫、京东、苏宁等电商巨头，都是共赢局面。

（3）便利店拥有一定的储存空间。餐饮店虽然占比高，但空间大小不一，有些小夫妻店就餐空间不足20平方米，中大型连锁餐饮的就餐空间超过200平方米，餐饮店卫生条件要求高，无论空间大小，都不可能单独设立空间与快递公司合作；很多餐饮店的营业时间不是全天，仅在就餐的高峰时段营业，生意好的店面在营业时间会非常忙碌，没有人手参与末端配送。便利店面积虽不算太大，但店内有货架设备，在与末端配送合作时，只需准备相应数量的货架，就可以储存常见规格的快递了。另外，便利店通常设有冰箱冰柜，在对接冷链物流上也完全无障碍，可顺应冷链物流与社区对接的未来发展趋势。

在我国，快递企业与便利店合作的最大问题是前期接洽、合作谈判、后期运营管理这一系列庞大繁杂的事务，在我国的零售市场上，没有一家企业市场占比超 10%，大多数便利店都是零散个体户独立运营，规模化、国际化、连锁化、标准化管理的便利店严重缺乏。以日本、我国台湾省等为例，7-11 便利店具有垄断性的市场地位，遍布全地区，大街小巷密集分布，通过与总部谈判合作，统一协调，上传下达后就可以尽快推进工作，通过全地区分布密集、数量众多的网点为快递企业提供便捷迅速的业务扩展服务和标准化的顾客服务。我国大部地区正是由于缺乏这样的垄断性连锁便利店企业，便利店与快递企业合作推进艰难，合作洽谈需要每家逐个去推进，由于缺乏规模化、密集化，便利店的代收发快递业务难以实现常态化盈利状态，二者合作难以实现可持续性发展。

2. 社区便民综合服务中心对接模式分析

近些年，各级政府部门都在主导建设社区便民综合服务中心，这是一种全新的社区服务业态，本着一切为社区居民服务的宗旨建立，围绕社区居民搭建的日常消费所涉及的吃穿用住行等综合服务信息平台，将家政、维修、搬家、洗衣、杂货店、废品回收、简单维修等功能合一的便民服务中心，全心全意为社区居民服务，做好社区居民的大管家，拉近了与社区居民的距离。比如江苏苏州市的东沙湖便民服务中心位于苏州工业园区东沙湖邻里中心 B1 层，为周边楼盘居民提供一站式便民生活服务，有便民修理、数码修护、干洗、皮具护理、缝纫、家政月嫂、医药、购买燃气、快递等全方位的便民服务，服务中心的设立大大方便了周边居民。

在大力发展此类服务站的大趋势下，此社区服务业态将是最适合与末端配送衔接的模式。社区便民综合服务中心的宗旨是“想居民之想，急居民之急”，向社区居民提供快捷、全面、优质的各类生活服务。通过“便民服务进社区”，充分挖掘社区居民需求，把家庭服务做到居民身边，做进居民心里。此类服务站完全可以扩展自己的业务，与天猫、京东等电子商务和专业物流企业进行合作，为社区居民提供物流需求。

不论是便利店，还是便民服务站，合作之前都需要就费用分配、货物损坏等问题明确合作条款，以备将来所需，否则无法形成长久之事。

第四章　社区类别与末端配送

北京、上海、广州、深圳作为超大型城市，住宅社区种类众多，既有高端豪华低密度的全封闭社区，也有20世纪60年代建设的完全开放的老旧社区，核心城区还有大量年代更久远的平房片区，远郊还有不少隐蔽的别墅片区，这些社区的居住规模、居民构成、消费等级、地理环境等特点都差异巨大，造成了基于社区商业建设末端配送体系的现实困难。因此非常有必要从不同的角度将社区细化分类，分析不同的类别，并针对相应的社区进行分析。

第一节　三个特殊的社区类型分析

一线、二线城市社区众多，某些特殊社区不易从明确的角度进行分类，因此，本部分首先选择三类比较特殊的社区进行分析，包括超大规模社区、平房社区和别墅类社区。

一、超大规模社区

超大规模社区一般占地面积大，楼盘多且密集，通常由多个细分社区构成，居住密度大，常驻人口多，经过多年发展后，商业业态会比较齐全。

本书以天通苑社区为例进行调研，此社区位于北京市昌平区，占地面积约为48万平方米，规划建筑面积为600多万平方米，雄踞奥北核心，距奥林匹克森林公园仅3千米。社区以西主干路为八达岭高速，以东为京承高速，立汤路贯通南北，地铁5号线、地铁13号线交汇于此，地铁17号线正在建设中，多条公交线路直达小区，交通网络发达。天通苑常驻人口达到40万人，号称亚洲第一大社区，有三个配套地铁站，分别为天通苑站、天通苑南站和天通苑北站。

1. 超大规模社区特点分析

（1）商业配套比较齐全、出行便利。由于此类超大规模社区常驻人口非常多，周边的商业业态构成也会非常细化和多元化。比如，天通苑各大社区周边有诸多商业，大型购物中心、大型综合超市、家具店、建材城、便利店、菜市场、饭店、快餐店等应有尽有，生活十分便利。地铁5号线在天通苑地区设置了三个地铁站点，还有多路公交，可以很方便地实现到望京、上地以及各个地方的通勤，不过，由于居住人口过多，地铁5号线上下班高峰拥堵也是著名的城市一景。

（2）社区居住人员构成复杂。天通苑是北京有名的经济适用房社区，社区物业差，居住环境脏乱差，诸多业主将自己的房屋出租。外地务工人员多，租户多，群租现象非常普遍，社区大户型居多，很多业主委托给小中介后打隔断出租，以赚取高额租金。社区还有大量的地下室出租，居住人员构成复杂，社区管理难度大。

（3）居住人口多，网购数量多。天通苑作为经济适用房占比高的大型社区，楼盘密集，户型差，居住密度大，常驻人口达到 40 万人，外地务工人员多，年轻人占比大，网购数量多，快递数量多。顺丰、中通、申通、圆通、韵达等多家知名快递企业都在社区设有快递站点，居住在附近的消费者可上门自提。快递站点还可为居民提供寄件服务。据不完全统计，菜鸟驿站至少有 10 处，供在淘宝、天猫购物的消费者自取商品。

（4）物业管理水平低。此类超大规模社区，经济适用房占比高，物业费偏低，物业管理水平低，所以，此类物业参与末端配送的积极性偏低，不愿意为业主代收快递。社区居住密度大，安装智能快递柜选址困难，后期管理难度也大，居住人员杂乱，后期可能会造成设备损坏、快件丢失等现象，容易出现责任难界定的情况。

2. 构建与超大规模社区相匹配的末端配送模式

（1）有效利用地铁口。超大规模社区通勤人口多，每天乘坐地铁上下班流量极大，可通过相关部门统一协调和管理，在地铁出口设置智能快递柜，供快递公司和快递员免费使用，给予消费者 48 小时内的免费存储时间，供下班出地铁人员取件，不过如何提高智能快递柜的周转使用率，是值得考虑的问题。

以京东为例，在末端配送上不断推陈出新，京东推出了名为“移动自提车”的新末端配送服务，在北京的天通苑、回龙观等人流量非常大的地铁口设置京东移动快递车，供在京东购买商品的通勤人员顺便取快递。与一般的定时定点的快递服务不同，京东的“移动自提车”从每天中午 12 点到晚上 22 点提供服务，在此期间，消费者可以在自提车窗口领取自己购买的商品，此“移动自提车”很像移动售货车，车身侧面开窗递出货品，把窗子一关就可以随时开走，非常方便快捷。不过，在地铁口设置自提点的方式适合小件快递，方便消费者携带，一旦快递较大，消费者还是倾向于选择离家更近的快递自提点自提或者送货到家。

（2）社区内设置自提点。超大社区居住密度大，人口数量多，网购有效人群多，快递数量大。若全部由快递员上门送货，将需要大量的快递员，在劳动力成本逐年提升的当下，这是最不经济的做法。超大规模社区商业业态齐全，可多与小超市、烟酒零售店、洗衣店等进行合作，这些业态合作意愿高，管理灵活，通过吸引客流增加收入，双方提前界定好货损责任，基本可实现互赢互利。据不完全统计，天通苑社区有至少 10 家与天猫、淘宝合作的菜鸟驿站，除了顺丰、京东、苏宁，“三通一达”等大多数快递公司已经习惯使用菜鸟驿站。

（3）逐渐推广末端智能投递系统。天通苑社区由四个园区构成，每个园区又包含多个社区，不同社区物业管理水平不一，经济适用房物业管理水平低，甚至某些社区靠近周边的村落，村落群租现象相比社区更为严重，导致这些社区居住人员繁杂、管理杂乱，推广末端智能投递系统难度大。不过，有些社区管理较好，比如某些商品房社区，物业费较高，物业管理水平高，物业为社区居民服务的意识高，可选择这些管理水平较高的社区安装智能快递柜，逐渐推广末端智能投递系统，也符合首都建设智慧城市和智慧社区的政策导向、统一规划和未来的发展趋势。

3. 超大规模社区的末端配送模式构建

超大规模社区的末端配送模式构建如图 4-1 所示。

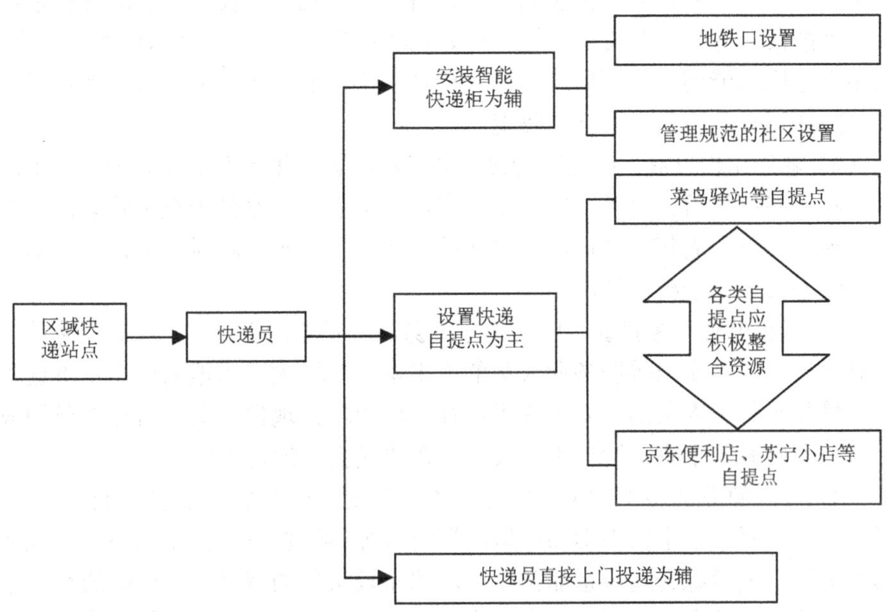

图 4-1 超大规模社区的末端配送模式构建

二、平房社区

大城市的平房大致可以分为两种：一是核心城区的大量平房社区，比如北京市区内的“三合院”“四合院”等平房，集中分布于东城区和西城区，少量分布于朝阳、海淀等地区；二是乡村平房。本书研究的平房社区主要为第一种。

本书以汪芝麻社区为例进行调研，汪芝麻社区位于景山地域东北角，以平房为主，有少量楼房。社区东临东四东大街，北临平安大街，南与魏家胡同相临，西与美术馆后街相临，占地面积约为48100平方米。包括协作胡同、汪芝麻胡同、南剪子巷、利薄营胡同、山老胡同、西扬威胡同以及刚察胡同、七条胡同等主要地区。

1. 平房社区特点分析

（1）普遍年代久远。以北京为例，核心城区的平房建筑年代较早，诸多平房以北京胡同的方式呈现，北京的胡同大多形成于13世纪，到现在已经经过几百年的演变发展，遍布在北京的老城区。中华人民共和国成立后，平房的产权归属复杂并几经变更，导致很多平房社区无人管理，脏乱差现象较为普遍。

（2）生活环境差，改造难度大。随着居住人口的增加，很多居民私搭乱建，各种不合法的建设破坏了胡同平房的原有格局，导致多半规整的平房四合院变成了大杂院，房屋紧密，居住密度高，建设格局不规则，居民随意堆放各种杂物，电线随处散落，道路过于狭窄，火灾等安全隐患极大。平房社区水电改造难度大，绝大多数居民只能用公共厕所，一户一厕几乎不可能，已经无法适应现代居住的需要，想要彻底改造只有拆迁和腾退。

（2）老龄化程度高。以北京为例，平房社区老龄化程度明显高于全市平均水平，老龄化趋势显著。另外，空巢水平高，多数老年家庭处于空巢状态，老人照顾老人现象突出。老年人占比高，平房社区居民收入水平相对较低，有效网购人群少，快递数量低于楼房社区。

（3）群租群住现象严重。随着电子商务、外卖业的兴起，北京、上海等一线城市对快递员、外卖员等服务业人员的需求量不断增大。本地人极少从事这类职业，大量外来务工人员的涌入导致平房社区群租群住现象严重，居住人员构成复杂，居民素质参差不齐，管理难度大，存在快递丢失的可能性。

（4）社区商业业态不健全。平房社区商业业态不成熟，因为空间有限，很多社区内部只有面积很小的小卖部或烟酒零售店等，超过50平方米的小超市或便利店都不多见，大型综合超市也非常少见，遍布较密集的就是各种风味的小餐馆。居民日常购物通常会走出胡同，去更为宽敞的街面上的小超市、便利店和菜市场购买，或者在网上购买。

（5）社区完全开放，无物业管理。近些年，北京的很多胡同区域被改造为旅游文化区，吸引了很多外来观光游客参观游览，商户逐渐增多，住户与商户的纠纷时常发生。平房社区无围墙，完全开放，居民出门即是胡同，安全隐患大。此类社区通常也没有物业公司管理，通常依靠居委会统一协调管理，居委会职责较多，不可能像物业那样事无巨细地处理社区事务。2017年初，北京市政府出台了《首都核心区背街小巷环境整治提升三年行动方案》，这份方案细化了之前的整治内容，确定了整治目标，随着集中整治行动的逐步推进，相信平房社区的居住环境将会有所改善。

2. 与平房社区相匹配的末端配送模式

（1）以上门投递为主。相比楼房，平房社区老年人数量占比高，网购概率小。另外，平房社区全开放，人员出入自由，快递员上门投递无障碍。相比楼房社区，平房社区的常住居民熟悉度高，可以互相代收快递，可以大大减少二次投递的概率。不过，平房社区安全隐患大，快递员与消费者沟通后，将快递放在指定地点，存在快递丢失的可能性。

（2）以提货点为辅。平房社区可以依托小卖铺、烟酒零售点等商业业态设置自提点，不过，此类社区内部的小卖铺通常是为了满足居民的日常急需，面积和空间都非常有限，很难有多余的空间来放置快递。以汪芝麻社区为例，截至目前，周边还没有菜鸟驿站等自提点。自提点可以设置在胡同外较宽街道旁的小超市内，可以为小超市增加人流和潜在购买人群，不过，选择能作为社区末端配送自提点的小超市并不容易，需要位置合适。

（3）推广末端智能投递系统较为困难。平房社区居住拥挤，过道狭窄，有限的空间也经常被居民用于储物，社区外胡同本就不宽，还停满了私家车。社区内部和外部周边地区都很难找到空间安装智能快递柜，更谈不上后期的管理，其被人为破坏的可能性极大。顺丰、京东、苏宁、阿里等研发的无人车、无人机等末端智能投递设备在平房社区更是无法大显身手。

3. 平房社区的末端配送模式构建

平房社区的末端配送模式构建如图 4-2 所示。

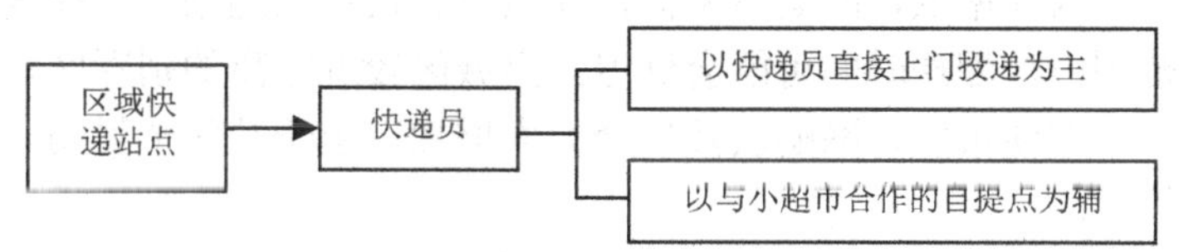

图 4-2 平房社区的末端配送模式构建

三、别墅类社区

别墅通常指在郊区建造的园林式住宅，是改善型住宅，是除了住宅的基本功能以外，更主要体现生活品质及享用特点的高级住所，包括独栋别墅、双拼别墅、联排别墅等类型。别墅为独门独院，拥有配套车库，房屋周围有面积不等的绿地、院落，私密性强，市场价格较高。

本书以燕西别墅区为例进行调研，燕西别墅区地处城六区的丰台区，既具备城市便利的交通条件及生活配套设施，又拥有优质的山水自然资源，堪称京西第一城市山水别墅区。区域交通便利，与北京中心联系紧密，与天安门直线距离约30千米，距三环18千米，距王佐镇中心（南宫村）约3千米。整体属于北京西部生态保护带，京石、莲石两条主要交通路线30分钟内通达别墅区内。

1. 别墅类社区特点分析

（1）离核心城区较远，入住率较低。以北京为例，很多的别墅区都位于昌平、顺义等远郊区县，离核心城区较远。本次调研的燕西别墅区是城六区内极少有的纯别墅社区，是北京著名别墅区里离核心城区最近的别墅区。由于离核心城区较远，别墅区入住率较低，别墅业主们通常都有多套房产，因此，并不经常居住在这里，通常会选择节假日来此处休养。

（2）别墅区业主收入高，追求品质生活。别墅区居民收入高，追求生活品质，对饮食、休闲、健身、娱乐都有一定的需求。这类人群属于社会成功人士，基本已实现财务自由，购物有自己习惯的渠道，很多商品通过私人订制获得，也会在某些知名网站购买高品质产品。比如，很多业主会租赁有机菜地，委托专人打理，菜地工作人员会定期为业主配送有机蔬菜，供业主日常所需。

（3）全封闭管理，私密性要求高。别墅区实施绝对的全封闭管理，外部人员不经过允许，难以进入。业主对私密性、安全性要求极高，不会轻易透露私人信息，网购概率低，即使需要网购，也会委托他人进行，不需要自己处理。

（4）社区可能位于不可准时配送区域。别墅区相对私密和独立，与其他建筑相隔距离较远，通常没有公共交通可以直接到达。位于远郊区县的某些别墅区，位置相对隐秘，很多别墅不在行人的视野范围内，需要从主路入口开车一段时间后才能到达。入住率低，网购概率低，周边没有设置快递站点，社区可能不在正常可配送范围内，配送时间可能会延迟。离城区较近距离的别墅区，居住率相对较高，网购会方便很多，网购次数也会大大增加，由于社区全封闭，也不方便快递员上门投递。

2. 与别墅类社区相匹配的末端配送模式

（1）代收模式为主。别墅类社区属于特殊社区类别，业主大多属于社会成功人士，日常生活通常由工作人员协助打理，业主通常不会亲自出面。除了他人代收模式，也可以委托物业代收，此类社区物业收费较高，物业服务水平高，居住密度低，业主数量少，物业对业主熟悉度高，代收快递是物业的举手之劳。

（2）尝试推广智能末端配送系统。

1）尝试安装智能快递柜。离核心城区较近的别墅区，居住率较高，可与物业协商，选择大门周边区域安装智能快递柜，方便业主进出社区时取件。由于居住密度极低，网购数量有限，智能快递柜使用率、周转率偏低。智能快递柜前期投入较大，快递存取业务利润微薄，速递易、丰巢等快递柜企业在此类社区安装智能快递柜的意愿不高，这是较为现实的问题。

2）尝试使用无人配送车。2016 年以来，阿里、京东、苏宁、美团相继推出适合末端配送使用的各种类型的无人配送车，目前已开始在某些区域正式上路试运行。比如，2018 年 6 月，京东的无人配送车驶上北京的街头，尝试了社区配送、园区配送、快递员接驳等多种实践场景，实验了多车型、多线路的循环配送。技术上已较为成熟，但鉴于城市的日常道路状况，普通社区道路不宽，有各种私家车停放，相关部门还不允许无人车上路运行。相比普通社区，别墅区道路宽阔，路面上车辆较少，适合无人配送车运行，居民房屋前拥有开阔地面，可以设置专门区域供无人配送车停靠，实施起来较为可行，快递企业可在政策允许的条件下，首先在此类社区投入使用无人配送车。

3）尝试使用无人机。亚马逊在 2017 年开始研发无人机快递，无人机主要针对市区内进行送货，采用混合式驱动，可垂直起降，送货距离为 24 千米。近年，饿了么、京东、阿里、苏宁、顺丰都纷纷布局无人机物流产业，目前，已在某些地区的偏远山区试运行，取得较好的效果。对于离核心城区较远的别墅区，如果政策和相关部门允许，无特别的航空管制措施，可以尝试使用无人机送货，对于别墅区业主群体，收入高，重视生活品质，这样创新性的送货方式有可能激发消费者的购买欲望，这与当下消费者愿意为消费新体验买单的新变化不谋而合。

3．别墅类社区的末端配送模式构建

别墅类社区的末端配送模式构建如图 4-3 所示。

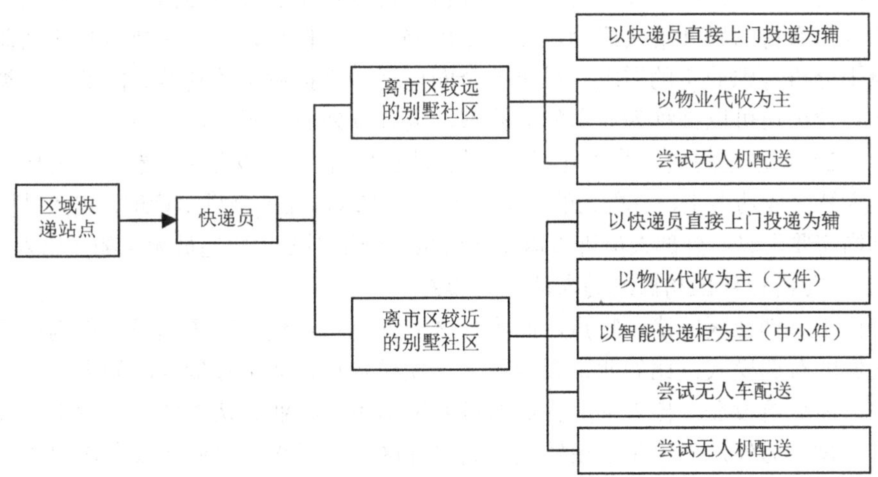

图 4-3 别墅类社区的末端配送模式构建

第二节 从社区的档次角度进行分析

按照楼盘价格，住宅社区可分为高档社区、中档社区、普通社区和老旧社区。在不同社区的管理水平和模式下，本书意图探寻与之相匹配的末端配送模式。

一、高档社区

高档社区一般是由高级公寓、豪华住宅或高端别墅构成，此类社区自然环境、人文环境和建筑环境趋于完善、成熟，综合环境质量均衡协调，小区环境优美，配套设施完整，应用现代化技术服务的社区。

本书以北京银泰中心为例进行调研。北京银泰中心位于北京市朝阳区建国门外大街 2 号，占地 31305 平方米。北京银泰中心包括豪华公寓 216 套和专属府邸式公寓 44 套，居住密度极低，算是高档社区中的奢华社区。

1. 高档社区特点分析

（1）物业大管家模式。此类社区房屋单价远高于周边普通住宅，社区居住密度低，户型较大，住户数量相对较少，私密性极高。此类社区的物业费较高，每平方米物业费普遍在 5 元以上。北京银泰中心的物业费高达 10 元/m^2，物业能够为业主提供大管家模式的物业服务，并且还能根据业主的需求，提供高质量、个性化的物业管理模式。

经营高档社区的物业公司，整个经营活动以业主满意度为指针，从业主的角度和视角看待问题和解决问题，而不是以物业公司自身、工作人员自身的利益和观点来分析考虑业主的需求，尽可能全面尊重和维护业主的利益。因此，此类社区的物业公司可以被称为业主的大管家，全方位为业主服务。

（2）社区全封闭。此类社区业主私密性要求较强，以北京银泰社区为例，业主多为社会成功人士，有极强的保护个人隐私需求，社区全封闭管理，出入社区及电梯均需要密码，外部人员进入需要严格执行登记制度，快递员无法随便出入。

2. 与高档社区相匹配的末端配送模式

由于高档社区的诸多特点，此类社区应该将物业代收发快递模式作为社区末端配送的首选模式。比如北京银泰社区，规模较小，业主数量少，如果业主有快递，只需交给设在一楼大堂的物业服务专柜即可，物业会认真地代替业主验收和代收货物。另外，如果是规模较大的高档社区，为了缓减物业代收发快递的工作压力，物业可本着方便业主取货的原则，在社区单独开辟一块区域，与电子商务公司、快递企业或者速递易之类的第三方公司合作设立智能快递柜，作为物业代收发快递的辅助，两者相结合为社区业主服务。

（1）以物业代收模式为主。

1）物业有意愿承担此项任务。高档社区的物业就是大管家模式，以“业主”为本，可以为客户提供诸多特约服务，使业主从家庭琐事中解脱出来，更好地工作或享受生活。只要业主提出要求，物业通常不会拒绝，会想方设法替业主完成。依旧以北京银泰社区为例，某些业主为著名影星，出于保护隐私的目的，此类业主网购时，完全可以写物业的地址，委托物业代收发快递，不需要透露自己的真实住址等个人隐私信息。

2）后续事宜容易协商解决。普通小区物业之所以不愿意替业主收快递，主要源于人手不够、空间不足，易出现快递错拿以及货损现象，难以确定责任，难以界定后期如何索赔等问题。这些难题在高档社区的物业大管家这里，都可以轻松化解。高档社区由于业主数量少，物业费用高昂，物业作为业主的大管家，对每位业主都很熟悉，与业主的关系也很融洽，时刻准备为业主排忧解难。帮助业主网购下单、收发快递，这些只是小事。由于物业费本身较高，物业也不会为几件快递再单独向业主收费。物业代收快递后，会认真为业主验收货物并亲自送货上门，这就大大减少了货物损坏的概率。并且还能为客户提供代发快递的服务。如果出现货物损坏的现象，由于物业了解此快递的来龙去脉，也容易找出症结所在，也更容易协商解决后续问题。

（2）以智能快递柜模式为辅。如果是规模较大的高档社区，除了非标准快递、超大超重的快递可以由物业代收代发外，社区业主的大多数快递都属于中小件，物业可以和电子商务公司、快递公司或者速递易等智能快递柜公司合作，在社区内安装智能快递柜，节省物业的人力成本和时间成本。同时，物业还可以在智能柜上投放适合社区业主的广告，以获得额外收入，这样的合作才能持续并长远发展。以银泰中心为例，可与速递易、丰巢等快递公司合作，在大堂内设置智能快递柜，除了收发快递功能外，也可为业主提供洗衣、临时存储等增值服务，增加智能快递柜的使用功能、提高使用周转率等。

（3）尝试使用无人配送车。这种高档小区，社区全封闭，每栋楼都配有电梯，通常有配套地下车库，社区地面上没有机动车，非常适合在此类社区推广更先进的智能末端配送工具——无人配送车。无人配送车可以由电商企业、快递企业提供，由物业统一管理。无人配送车通过后台与电梯系统的无线连接，可以根据需要自行操控电梯进入目标楼层，无需人工干预，到达消费者家门口时，会触发一条信息到用户 App 上，用户点击信息会出现一个 OPEN 页面，点击 OPEN 就可以打开无人车货舱取出自己的包裹[①]。

① http://baijiahao.baidu.com/s?id=1597983450196596262&wfr=spider&for=pc

（4）配套菜鸟驿站等类型自提点。对于规模大的高档社区，网购数量大，电商企业可在社区居民回家的必经之路上，选择社区周边或社区内部的小超市、便利店或洗衣店等合作，设置自提点，成为此类社区末端配送体系的有力补充。

3. 高档社区末端配送模式构建

高档社区末端配送模式构建如图 4-4 所示。

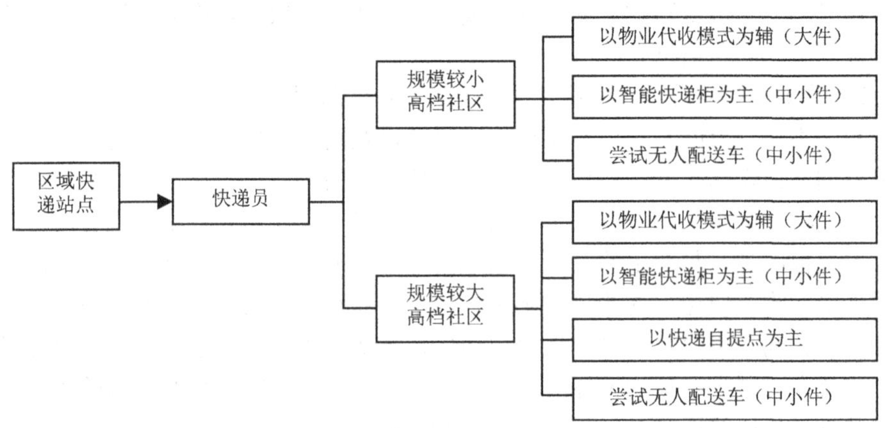

图 4-4 高档社区末端配送模式构建

二、中档社区

与高档社区相比，中档社区在北京占据较大的比例，社区环境优美，配套设施完善，常驻社区居民较为稳定，物业服务意识较高，能切实为业主着想。

本书以东城区东花市街道南里社区为例进行调研，本社区东与本家润园小区相邻，西与花市枣苑社区相邻，南邻两广大街，北至东花市大街，社区常住居民 3500 户，为 2000 年后建设的社区。

1. 中档社区特点分析

（1）物业服务意识较强。目前，有配套电梯的中档社区的物业费通常在 3 元左右，与高档社区相比，住户密度加大，业主数量大大增加，物业的服务意识较强，但无法与高档社区高端物业的服务水平相比。不过，近几年，随着快递数量的日益增长，货损责任不明确的状况较易出现，愿意为业主代收快递的物业占比逐渐降低。物业可以转变服务意识，配合政府、电商企业、快递企业构建智慧物流末端配送系统，引导社区居民从等快递向主动取快递转变，努力培养居民习惯，多使用智能快递柜、菜鸟驿站等自提点的公共社会服务功能。

（2）社区封闭度较高。此类社区基本全封闭管理，出入社区需要门禁卡，外部人员进入需要登记，快递员不能随意出入。某些社区大门出入自由，但进入楼门需要门禁，快递员需要在楼下等待取货。近年，外卖业和生鲜冷链物流走入了大家的生活，这些商品需要面对面交接，无法使用末端智能投递设备，这也加大了末端配送的难度，在全封闭社区中，外卖配送员和消费者的物品交接不太便利。

（3）社区商业业态较全面。本次调研的东城区东花市街道南里社区为规模较大的中档社区，住户数量多，周边的社区商业业态较全面，包括便利店、餐饮店、银行、药店、废品回收、房屋中介，甚至大型连锁超市等众多零售业态。本社区有配套的社区服务站，提供便民利民、居民休闲、文化娱乐等服务，提供政务信息、便民服务信息等咨询服务，开展社区居民的自助互助服务，其中也包括代理收发快递业务，成为末端配送的有效补充。

2. 与中档社区相匹配的末端配送模式分析

与高档社区相比，中档社区规模较大，居住密度较高，居民数量多，网购数量大，导致快递数量多。靠一种或两种方式是无法解决末端配送问题的，需要各种模式通力协作来解决社区“最后 100 米”的困境。

（1）物业代收模式。在调研中，少部分中档社区中的物业是帮助业主代收快递的，不过必须要验货的物品不可以，货物过大过重也不可以。不过，也有多数社区的物业以人手不足、空间不够为理由，拒绝为业主代收快递。尤其是出现过货物损坏、拿错货物现象的，物业更是直接拒绝为业主收取快递。随着网购数量的逐年增多，物业代收快递的意愿却在逐年下降，物业需要在政府相关部门的引导下，转变角色，提高服务意识，为构建智慧末端系统出一份力。

（2）便利店合作代收模式。中档社区商业业态成熟，社区内部或周边通常都有一家或一家以上大于 100 平方米的管理正规的便利店，比如好邻居、7-11 连锁便利店等。快递企业与这些便利店合作，实现货物的集中接收，客户可在方便的时间提取货物，这也是解决末端配送困境的一种模式。经过调研，本社区现有两家菜鸟驿站运营，都为合作形式。

（3）充分利用社区服务中心或社区服务站。社区服务中心的宗旨是为社区居民提供便利，属于政府支持的公益性服务组织，电商企业、快递企业可以与此类中心合作，促使社区服务中心在社会大物流系统中发挥补充作用。不过，此类服务中心的营业时间通常为正常上班时间，对于上班族，并不方便在上班时间取件，这点不如智能快递柜、自提点等时间灵活。以东花市街道南里社区为例，社区服务站设置在东城区富贵园东花市街道南里三区 1 号楼，为居民提供维修、购电购气、代收发快递等日常服务，并设立了“首问接待”为居民及时解忧。

（4）积极推进智能快递柜建设。封闭性较高的中档社区可以安装配套的智能快递柜，比如速递易、丰巢这类第三方企业可与物业合作进行管理，社区住户可通过短信提供的密码，在 24 小时免费储存期限中的方便的时间取件。随着网购种类的日益多元化，外卖和社区生鲜电商大力发展，中大件包裹和冷链商品的配送占比逐渐加大，对于只能临时存储中小件正常商品的智能快递柜而言，其在城市社区的末端配送中能发挥的功能在逐渐减弱，速递易等快递柜公司需要开发升级智能快递柜功能，以适应社区商业模式和末端配送的双重变化。

（5）推广无人配送车。具备配套电梯的楼盘还可以使用无人配送车配送。工作人员将物品放入无人配送车中，输入地址和预约送货时间，无人车会按照规划的路线行走，自行开启电梯到达所需楼层，自动给消费者发出到达信息，输入密码或扫描二维码后，无人车会自动开启车门，消费者拿出自己的物品，至此送货环节完成。由于各项管理政策还有待完善，交通条件不一，无人配送车还无法实现规模经济，在诸多环节也还需要工作人员的配合才能完成，无人配送车可首先尝试在封闭社区内部使用，代替快递员在社区内部的投递工作。

中档社区种类多，各社区具体情况不一，多数社区是配套电梯的楼盘，也有少部分楼盘是低层无电梯楼盘；有业态发展成熟的老社区，也有业态还在成长期的新社区；有配套社区服务站的社区，也有无配套社区服务站的社区，单一模式无法解决社区末端配送困境，只能根据社区特点，多管齐下，多方合作，共同为社区消费者营造一个宽松、方便、快捷的末端配送模式。

3. 中档社区末端配送模式构建

中档社区末端配送模式构建如图 4-5 所示。

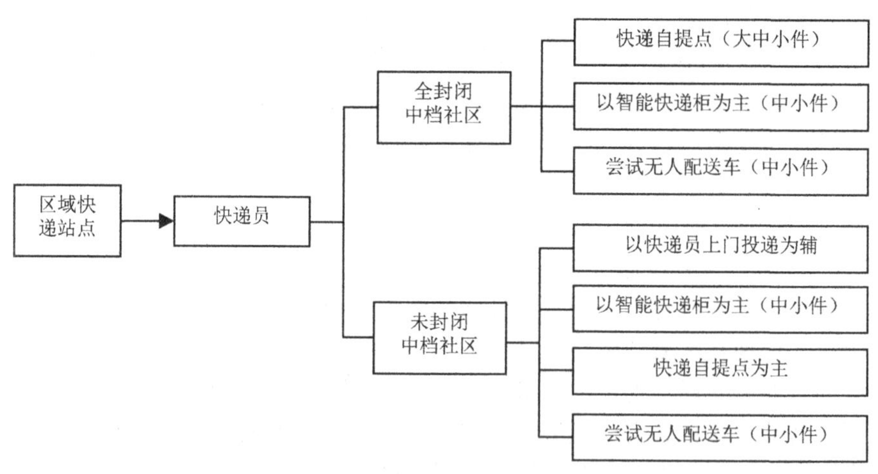

图 4-5　中档社区末端配送模式构建

三、普通社区

北京作为超大型城市，住宅社区种类繁杂，除了中高档社区外，还有大量的普通社区，比如很多的两限房、经济适用房社区以及不少20世纪90年代建成的社区，与高档和中档社区相比，此类社区常驻人口稳定性较低，租赁住户增加，社区居民素养偏低，住宅密度大，人口数量多，环境一般，基本配套设施较完善。

本书以朝阳区弘善家园社区为例进行调研，本社区为回迁和经济适用房楼盘，地处北京市东南二三环之间，为大型社区，超过万户，楼房密度高，住户构成复杂。著名的北京古玩城位于社区旁边，周边遍布各种工艺品、古玩店面。社区东面有北京著名的家居建材特色商业街，是目前国内规模宏大、品牌众多、品类齐全、服务优质的建筑材料、家居用品市场，周边云集着十里河建材城、居然之家等大型建材城、家居用品城等，可以满足市民家庭装修一站式的购买需求。

1. 普通社区特点分析

（1）物业服务意识一般。此类社区物业费较低，以弘善家园为例，社区全部为高层塔楼，户型参差不齐，物业费为1.1元/m^{2}左右，物业只满足社区的日常基本需求，业主平时的小维修、换配件等都需要单独交费。此类大型社区物业空间不够，工作人员数量有限，一般不会帮助业主收发快递。因此此类社区物业代收方式不可行。

（2）社区封闭度较差。此类社区除了少数回迁楼盘管理较好外，大多数社区封闭度较差，基本完全开放。以弘善家园为例，通常为两三个楼共用一个大门，大门和单元楼门都无门禁，外部人员完全自由出入，社区内人员众多，构成复杂，卫生和治安状况都较差，快递员一般可以做到直接上门投递。

（3）零售业态较全面。此类超大型普通社区，密度大，人口多，社区周边业态全面，既有大型综合超市，比如永辉，也有经营面积在200m^{2}左右的京客隆便利店，还有各类型餐饮店、药店、蔬菜水果店、干洗店、房屋中介等，其中餐饮店占比最高。社区周边各类型商户众多，商户收发快递的需求量大，因此很多快递企业，比如顺丰、中通等知名快递企业，都在此社区周边设立了服务站点。

（4）社区居民构成复杂。弘善家园社区居民除了部分从二环内回迁到此的老北京人以外，大量房屋被业主用来出租，租户大多是在周边建材城、古玩城等打工的外来就业者，举家来此开店经营的也不鲜见，出租房屋的居住密度高。社区周边还有几所中小学，外来人口子女多在此上学，导致此类社区居住密度高、人员构成复杂、居住环境脏乱差。此类虽然有地下停车场，但社区内部街道依旧被各种私家车充斥，导致社区内道路非常拥挤。

2. 与普通社区相匹配的末端配送模式

（1）设置快递自提点。大型普通社区通常都有100平方米以上的管理正规的便利店，若有连锁便利店，快递企业应优先与连锁便利店合作，实现货物的集中接收，客户可在方便的时间提取货物，这是普通社区解决末端配送困境的一种模式。另外，各家快递也可设置共享提货点，有效进行资源整合，实现各方共赢。除了连锁便利店，出于消费者自愿，对于价值较低的普通快递，烟酒零售店、小菜店、干洗店也是快递公司愿意合作的自提合作店。

（2）社区共同配送站模式。针对超大型普通社区，网购人数众多，快递数量多，快递企业可以考虑在政府协助下建立社区共同配送站来应对“最后一公里”配送难题。以弘善家园此类大型社区为例，人口密度大，众多快递企业可在政府协助下合理选址，建立社区统一调配中心，统一计划，统一协调，整合社会现有资源，实现共同配送。

（3）社区便民综合服务站。针对大规模人口的普通社区，可以考虑建立社区便民综合服务站，在政府协助下，将日常用品提供、废品回收、日常维修、快递等居民生活必备服务功能集成合一，一切以社区居民生活便捷为出发点。服务站完全可以扩展自己的业务，与更多的电商巨头、更多的线下店以及专业物流企业合作，开拓冷链末端配送的业务，构建北京社区末端配送体系的一个分支。

一线城市普通社区数量大，种类多，规模大小不一，单一模式无法解决普通社区末端配送困境，只能根据社区特点，多管齐下，多方合作，紧跟商业模式的快速迭代，摸索更适合当下商业模式和不断提升的消费者需求的配送模式，共同为社区消费者营造一个宽松、方便、快捷的末端配送模式。

3. 普通社区末端配送模式构建

普通社区末端配送模式构建如图 4-6 所示。

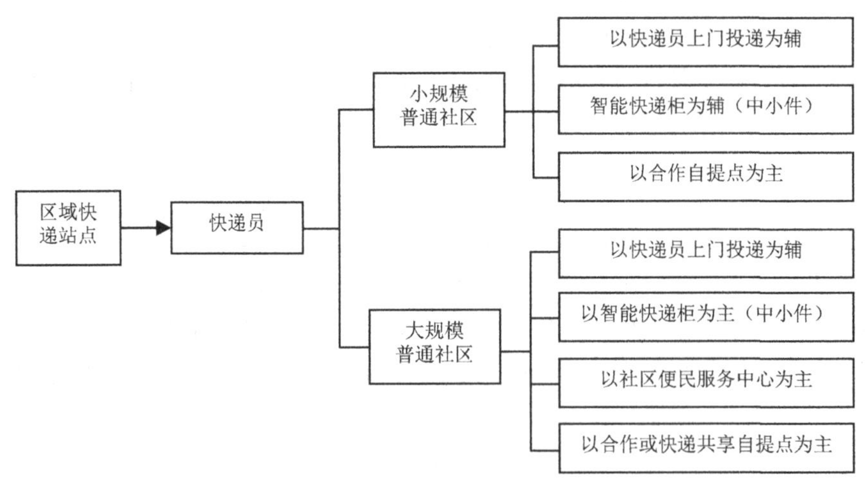

图 4-6 普通社区末端配送模式构建

四、老旧社区

北京作为超大型城市，核心城区中有大量的老旧社区存在，这些老旧社区很多都建成在20世纪90年代前，还有大量年代更久的社区。

本书以东城区龙潭北里社区为例进行调研，本社区除一栋位于龙潭北里3条9号的龙腾阁建设在2000年后，为9层塔楼，其余住宅楼全部为5层的低层南北通透楼盘，无电梯，户型较为多样化。最早的一批楼建设于20世纪的60年代，有一定的公房占比，不少房屋为两家合住。该社区位于龙潭街道南部，北靠光明路以南，东靠夕照寺街以西，南至龙潭路以北，西至左安门大街以东。本社区有成套楼房43栋，常住人口2589户。

1. 老旧社区特点分析

（1）物业服务意识较差，甚至很多无物业管理部门。以龙潭北里社区为例，其紧邻龙潭湖公园，与其他老旧社区比较，环境不错。特别是由于近几年持续不断的保温层外墙改造、社区地面改造、社区绿化、裸露电线统一改造等建设，尤其是对于一层社区居民长期的私搭乱建房屋的统一拆除和改造，社区环境大为改观，绿化面积大大增加，相比几年前，社区宜居指数大大提升。不过，本社区没有专业的物业公司进行管理，居民也无需缴纳物业费。社区居委会负责清洁、清理垃圾等日常工作，住户只需交纳很少的日常清洁和垃圾处理费用。因此，老旧社区的末端配送模式无法做到与物业合作代收。

（2）社区封闭度较差。这些老旧社区基本全开放，龙潭北里社区在几年前进行升级改造，安装了单元门锁，但因为住户人员较杂，很多单元门禁被破坏，外来人员可以随意出入，快递员通常可以直接上门投递。2016年，社区居委会引入了停车管理公司统一管理龙潭北里社区内私家车，车辆不能再随意进出社区，但对于外来人员没有任何约束，依旧出入自由。这些老旧社区很多都是单位福利房，社区居民之间熟悉度高，老年人占比高，对于陌生外来人员的出入老年人敏感度高，对于社区的安全有一定的保护作用。

（3）社区商业业态较单一。老旧社区周边商业形不成气候，以龙潭北里社区为例，周边零售业态通常以夫妻小店为主，包括餐饮店、药店、蔬菜水果店以及干洗店等，其中餐饮店所占比例最高，除餐饮业外，很多小店甚至不足$20m^2$。老旧社区缺乏管理较好的连锁便利店，以家庭小卖部为主。以龙潭北里社区为例，社区北路对面就是物美综合超市，也在社区居民10分钟步行路程以内，很多社区居民习惯去物美购物。近年来，本社区内部不断有管理规范的连锁便利店或生鲜便利店开业，但都无法持续很长时间，最后皆以倒闭结束，社区商业业态依旧以夫妻小店为主。

（4）无法安装智能快递柜。老旧小区很多为20世纪80年代前各单位所建的职工住宅，以龙潭北里社区为例，60岁以上老人居住比例很高，老人多，意味着网购有效消费人群少。而且，本小区由于没有物业，社区又完全开放，外部人员出入完全自由，即使安装了智能快递柜，如果缺乏后期的有效管理，加上利用率和周转率偏低，后期被弃用的概率很大。况且智能快递柜的安装成本和维护成本较高，速递易、丰巢等智能快递柜公司通常不会选择在此类社区安装智能快递柜。

2. 与老旧社区相匹配的末端配送模式

老旧社区无地下停车场，地面上有限的空间都停满了私家车，社区居民活动空间有限。建设年代久远的老旧社区以低层楼盘为主，一般无电梯。阿里、京东、顺丰已经研制成功的无人机、无人车都无法在老旧社区推广使用，首先，老旧社区通常位于核心城区，会有严格的空中管制，无人机无法使用。其次，如果使用无人配送车，只能停到单元楼下，居民下楼自行取物品。很多老旧社区不交物业管理费，社区管理不完善，居民构成复杂，老人占比高，无人配送车在此类社区推广，还有很长的一段路要走。如果在相关交通部门的合理监管下，无人配送车可以与快递员配合，在快递站点与社区入口的路段间来回往返，与快递员进行适当的衔接，这在“双11”等网购高峰期会大大提高配送效率。因此，老旧社区适合采用以快递员上门直接投递为主，社区小卖店代收模式为辅的末端配送模式。

（1）上门直接投递。老旧小区通常完全开放，外来人员出入完全自由，单元门锁也被大量破坏，快递员通常可以直接上门投递。若一次投递不成功，可以与小卖店协商代收快件。对于一些价值不高的快递，快递员与消费者沟通后，采取将快递直接放在家门口的做法，也是解决的办法之一，以减少多次投递的人力成本。另外，很多老旧社区属于单位住宅楼，社区居民之间相互熟悉，邻居之间可以互相代收快递，这也是一种常见的办法。

（2）与小卖店等业态合作。很多老旧社区没有连锁便利店，大多以家庭经营的小卖店为主。快递公司可以考虑和小卖店、烟酒零售店、干洗店等合作，代理中小件快递的收发货业务。小卖店基于人流量增加可能会带动销售量的考虑，会同意与快递合作。不过需要就货物拿错、货物损坏等后期可能出现的问题制订完备的协商解决措施，并尽量有书面协议，否则无法长期合作。以龙潭北里社区为例，快递公司和社区内部的小卖店、菜店都有过合作，对于价值不高的包裹，消费者也无需顾虑安全问题，完全可以采用这种方式来完成末端配送的最后一步。

3. 老旧社区末端配送模式构建

老旧社区末端配送模式构建如图4-7所示。

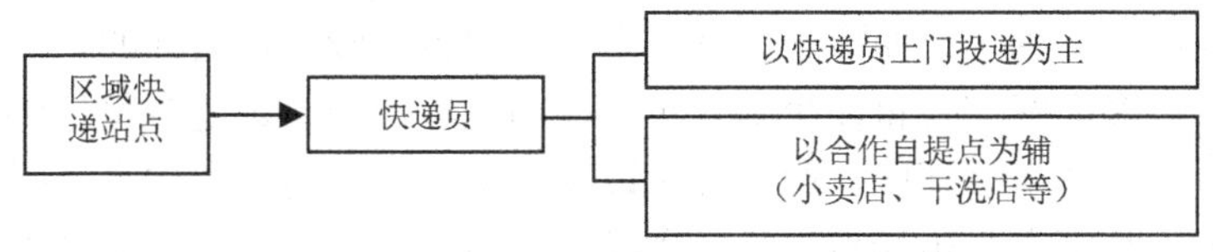

图 4-7　老旧社区末端配送模式构建

第三节　从社区的位置区域角度进行分析

社区所处的位置不同，会导致社区居民的构成不同，继而影响本社区的消费特点，形成不同的末端配送特点。本部分将社区分为学区社区和临商务区社区两种，分析两种不同社区的消费特点，并构建配套的末端配送体系。

一、学区社区

以北京为例，北京作为我国的教育发达地区，家长们对孩子的教育重视程度甚高，某些家庭为了在海淀、西城等区的优质学校片区购买学区房，不惜一切代价，即使楼盘再破旧再狭小，都能炒到天价，并且有人接盘。即使北京是全国的教育高地，教育资源依旧不平衡，优质资源集中在海淀区、西城区和东城区。位于重点学区的社区房屋不止好卖，也非常容易往外出租。此类社区的典型特点是临近中小学，下文将逐一分析。

本书以东城区华城社区为例进行调研，华城社区地处东二环光明桥西北侧沿护城河河畔，北起夕照寺中街，东起夕照寺大街，南边与板厂南里社区接壤，占地 0.45 平方千米，小区工作生活居民 3000 人左右。社区周边中小学、幼儿园云集，有东城区的优质中学汇文中学、第五十中学、广渠门中学、文汇中学等，东城区优质小学板厂小学、光明小学等，还有北京市委机关幼儿园、北京市第五幼儿园两所公立优质幼儿园，此社区属于典型的学区房。

1. 学区社区的特点分析

（1）社区居民入住率高。此类社区通常位于核心城区，周边有众多中小学、幼儿园，交通便利，商业业态齐全，附近还有公园以供日常休闲，有小孩的家庭住在此处，步行 10 分钟内即可到达周边的幼儿园、中小学，甚至龙潭湖公园。在北京如此拥堵的城市，有很多为了小孩上学而租住在此的家庭，省去了大量在路上的奔波时间，可以为还在中小学阶段的学生匀出更多的睡觉和学习时间，还可以提升孩子的学习专注度。只要经济条件允许，在学校周边租房上学是非常明智的选择。因此，此类社区求租量大，房屋非常容易出租，入住率非常高。

（2）以家庭为单位的消费占比大。由于临近众多中小学，除了本社区的业主外，此类社区中，为了方便孩子就近上学的租户占比较高，这样的租户家庭至少三人以上，很多家庭需要租住少则三年，多则九年，一些家庭会租住到孩子高中阶段结束。相比非学区社区，此类社区以家庭为单位的消费占比高，网购数量和金额都比其他社区高，生活日用品、食品类商品、玩具类商品、文具类商品、家居用品、生鲜商品等消费占比高。

（3）生鲜商品消费占比高。此类社区在家做饭的家庭占比高，生鲜商品消耗大。随着“互联网+”、大数据技术、移动支付的日渐普及应用，消费升级时代到来，商业模式悄然发生变化，改变了很多上班族和家庭主妇们的生活习惯。家庭主妇每天奔波到超市、菜市场购买生鲜商品的习惯正在逐渐发生改变，很多女性已经习惯在手机 App 上动动手指，在 1 个小时后或者当天约定的时间内，配送员就将网购生鲜商品配送到家，为照顾小孩的上班族妈妈节省了不少时间。据有关部门统计，家庭主妇是网购生鲜商品的主力人群，生鲜商品缺乏规模经济，易腐烂、储存难、运输难，因此，此类社区的末端配送难度大。

（4）两种社区商业业态占比高。由于是学区房，房屋中介和中小学课程培训两种业态占比高。以华城社区位处的夕照寺大街为例，除了餐饮、超市、干洗店以外，临街商业中至少有两家房屋中介。除了房屋中介，还有大量从事中小学课程培训的服务业态，比如各种课后托管班，英语、数学等课程培训班，这是学区社区商业具备的典型特征，除了外卖配送，这两种业态都无法为电商网购的社区末端配送出一份力。

2. 与学区社区相匹配的末端配送模式分析

（1）末端配送数量大和商品种类丰富。社区入住率高，有小孩的家庭居住占比高，以家庭为单位的消费占比高，有效网购人群数量多，网购种类丰富，从文具、零食、化妆品、服装鞋帽等小件，到厨房用品、家具家电、家居用品、装修装饰等大件，应有尽有。此类社区的配送数量大，且商品种类丰富，重量大、体积大、不规则形状的包裹占比高，配送难度大，尤其对于众多优质中小学周边大量的无电梯的老旧社区，快递员工作强度会非常大。

（2）冷链末端配送占比高。由于此类社区日常网购蔬菜、水果、肉、禽蛋、花卉等生鲜商品数量大，这些商品都需要全程冷链配送，即在生产、储存、运输、销售，到消费前的各个环节始终处于规定的低温环境中，以保证食品质量，减少食品损耗的一项系统工程。要保证时效性，比如网购冰淇淋，在简单保温设备保护下，必须在短时间内迅速送到消费者家中，否则产品融化后将无法食用。由于生鲜商品极强的配送时效性，目前智能快递柜还没有冷藏冷冻功能，相比普通商品，无法借用末端智能投递设备的协助，只能主要由快递员上门配送。

（3）即时配送模式占比高。外卖业的快速增长，助推了即时配送的大力发展。

据艾媒咨询最新报告《2018 上半年中国即时配送市场监测报告》显示，2018 年中国即时配送行业用户规模达 3.55 亿人。数据显示，截至 2017 年年底，中国网民规模达 7.72 亿。也就是说，超过一半的中国网民在使用即时配送[①]。由于同学校或同班级，学区社区居民的沟通交流较多，更容易接受一些全新的消费模式，随着消费不断升级，冷链商品消费量的逐渐增加，社区即时配送的模式未来会更加精细化，满足消费者日益增长的个性化需求。

（4）O2O 线下店合作自提点。电商大佬们纷纷从线上走到线下，寻找线下流量入口，线下已经成为零售业新的战略布局发力点，新时代的来临也让实体门店承载了除购买商品外的其他更多功能。天猫小店、京东便利店、苏宁小店越来越多地出现在城市中，且扩张速度迅猛，这类小店都有生鲜商品出售，有配套的冷藏冷冻设备，社区居民网购的生鲜商品可以借助此类线下店作为商品自提点，来完成末端配送环节。不过，这类小店的未来发展如何，还很难预料，京东便利店短期内开店数量猛增，但是真正赚钱的却是少数，最近，不少京东便利店迎来关门潮，这种模式还有待市场验证。

3. 学区社区末端配送模式构建

学区社区末端配送模式构建如图 4-8 所示。

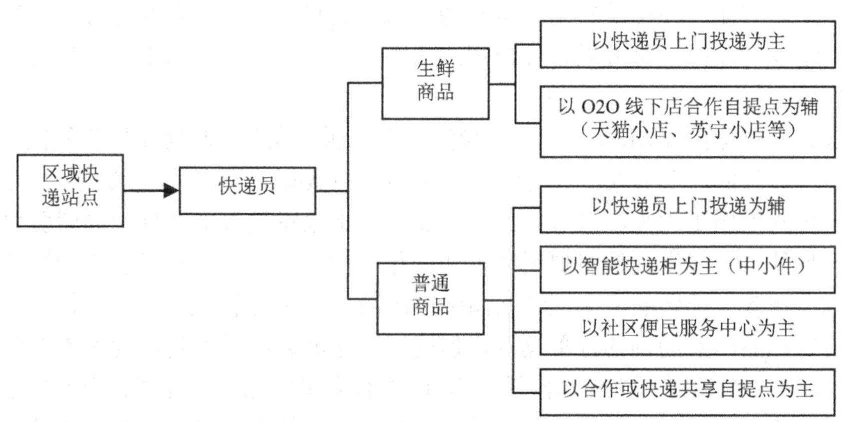

图 4-8 学区社区末端配送模式构建

二、临商务区社区

商务区是指一个国家或城市里主要商务活动进行的地区，是城市发展过程中的必然产物，是一个国际化大城市必不可少的标志。2016 年 1 月 22 日，由中国

① https://baijiahao.baidu.com/s?id=1610850375275006700&wfr=spider&for=pc

社会科学院城市发展与环境研究所、中国商务区联盟和社会科学文献出版社共同主办的《商务中心区蓝皮书：中国商务中心区发展报告 No.2（2015）》发布，蓝皮书中将商务区分为 6 个等级，分别是世界级 CBD、洲际级 CBD、国家级 CBD、大区级 CBD、地区级 CBD 以及项目级 CBD，由此构成了全国范围内的 CBD 网络体系[①]。本书中的商务区泛指各种商务活动聚集的地区。

本书以 SOHO 现代城社区为例进行调研，SOHO 现代城位于北京朝阳区建国路 88 号建国门外，北京中央商务区、中国国际贸易中心的东面，是 SOHO 中国的第一个项目工程，占地 7.3 万平方米，总建筑面积为 48 万平方米。本社区紧邻北京 CBD，并在楼盘首次销售时，推出"小型办公，居家办公"（SOHO）这一概念，给业主提供了灵活多功能的空间。目前，本社区所处的商务区已成为北京最现代、最繁华的地区，社区里大量的中小企业在此办公，具备典型临商务区社区的特点。

1. 临商务区社区的特点分析

（1）上班族居住占比大。此类社区是中小企业经常租赁的办公场所，不止大量的上班族白天在此工作，还有一些上班族索性选择在此租房居住，不少同事之间合租在此也不鲜见，北京作为超大型城市，通勤时间长，选择居住在此类社区，不仅上下班方便，还可节省出大量时间，用于健身、读书、会友等有益于身心的活动，这样可以保证每天以精神饱满的状态投入到辛苦的工作中去，从而大大提高工作效率。

（2）外卖消费需求大。很多单身的上班族居住在此，相比学区类社区，做饭的概率大大降低。很多人已经习惯每天在不同的 App 上点外卖，除了一日三餐之外，上班族工作压力大，咖啡、奶茶、甜点、水果拼盘等类型外卖的消费也较为频繁。另外，很多女白领习惯用绿植和鲜花装饰办公环境，除了装饰的鲜花，玫瑰花束也在此类社区的末端配送商品中占比高。2019 年情人节当天，很多鲜花和巧克力等礼品商家的预约订单爆满，但同城配送能力严重不足，商家本准备大干一场，却没料到遭遇了"配送滑铁卢"，由于有大量鲜花需要配送，当天的很多线下超市、线上电商都无法提供正常的配送服务，比如盒马鲜生，从中午开始就停止了当天的配送业务，直到第二天才开始恢复正常。

（3）社区商业业态构成不同。相比其他类型的社区，此类社区的配套商业业态构成具有独有的特点。此类社区通常会有配套健身房，用于满足大量上班族的健身需求。另外，满足上班族继续提升英语水平需求的英语培训机构占比也较高，因为北京 CBD 有很多外资、合资企业在此办公，很多工作人员有继续学习英语的需求。

① http://www.sohu.com/a/56540233_120507

此类社区，美容院、服装鞋帽类商业业态占比也较高，满足广大女白领的爱美需求。餐饮店依旧是占比最高的商业业态，满足此类社区大量工作人员的就餐需求。

2. 与临商务区社区相匹配的末端配送模式分析

（1）外卖员配送需求大。外卖行业大大方便了人们日常的生活，很多企业工作节奏快，很多工作人员连坐下来好好吃饭的时间都没有，只好通过外卖来解决。据某招聘平台的统计，北京是外卖员需求量最大的城市，外卖涉及的领域也在逐渐增多，现在不仅仅是食物的配送，超市日用品、医药等生活日用品都可以送，外卖员的业务也会日益多元化。外卖业促进了即时配送业的大力发展，即时配送属于点到点的配送，是要求在规定的30分钟到2小时内配送到位的物流业务，外卖业的需求还会在未来几年大大增加，外卖配送的种类也会日渐丰富。

（2）安装智能快递柜。智能快递柜经过几年的磨合，在临商务区类社区运营良好。此类社区上班族比例高，多以个人为单位下单购买，网购商品中小件居多，非常适合通过智能快递柜自取物品。据不完全统计，此类社区智能快递柜的利用率高于普通社区等其他类型的社区。

（3）尝试无人配送车。此类社区有大量的企业在此办公，上班族较多，人员素质较高，物业管理较规范，可以尝试使用无人配送车派送模式。上班族喜欢体验新事物，电商企业可以尝试在此类社区推广，并适当收取配送费，会有很多人乐意买单。

3. 临商务区社区末端配送模式构建

临商务区社区末端配送模式构建如图4-9所示。

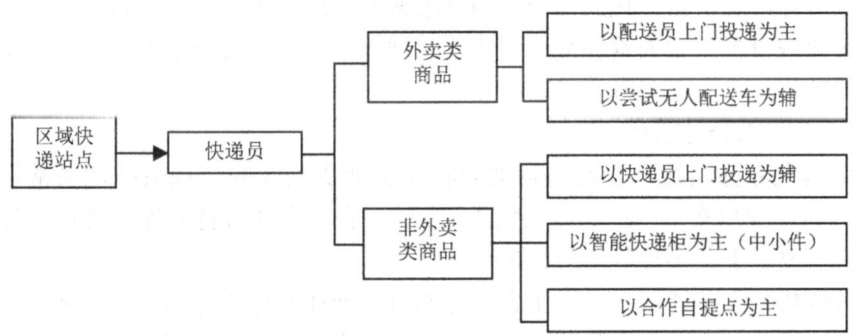

图4-9 临商务区社区末端配送模式构建

城市社区种类众多，将社区分为以上种类，还远远不能涵盖一、二线城市的社区类型，这也是构建城市社区末端配送体系的难点所在。

第五章　社区末端智能投递研究

第一节　智能物流介绍

我国正处于新一轮科技革命和产业变革的关键时期，智能物流正在成为物流业转型升级的重要方向。2018 年全社会物流总额保持平稳增长，社会物流总费用与 GDP 的比率为 14.8%，出现持续缓慢下降的趋势。近年来，越来越多的企业加大技术装备改造升级力度，物流行业信息化、自动化、机械化及智能化趋势明显。

以人工智能为代表的物流技术服务是应用物流信息化、自动化和智能化技术实现物流作业高效率、低成本的物流企业较为迫切的现实需求。人工智能通过赋能物流各环节、各领域，实现智能配置物流资源、智能优化物流环节及智能提升物流效率。特别是在无人驾驶、无人仓储、无人配送和物流机器人等人工智能的前沿领域，顺丰、京东、阿里、苏宁等一批领先企业已经开始开展试验并已经投入应用[①]。

一、仓储环节的智能物流

仓储环节除了自动化立体仓库的逐渐普及，近年主要应用了自动化分拣机器人、可穿戴设备、无人驾驶叉车和货物识别等技术，下文中主要介绍几种常用的智能设备。

1. 机器人分拣系统

机器人分拣系统主要是对货架和物品实现货到人的分拣系统，通常被称为 AGV（自动导引车），如大家熟悉的京东无人仓、申通分拣仓库里奔忙不停的小黄人，主要用于中小件货物的分拣。

分拣机器人就像一个个小工人，井然有序地在仓库中运转，仓库地面上粘贴了各种二维码供机器人“看”。机器人通过自己的“眼睛”识别地面上的二维码给自己定位和认路，听从仓库机器人调度系统的指挥。机器人领到包裹后，会头顶包裹穿过配有工业相机和电子秤等外围设备的龙门架，机器人“大脑”便识别了快递单的信息，完成包裹的扫码和称重，并根据包裹目的地规划出机器人的最优

---

① http://www.sohu.com/a/230736291_100137839

运行路径，调度机器人进行包裹分拣投递。每个投递口对应不同的目的地，通过斜坡，包裹被机器人投递下去后会集中等待被运往下一站。这些机器人的应用，大大降低了仓库分拣工作人员的数量，与拣货员搭配干活的工作效率也十分惊人，一小时的拣货数量大大高于人工拣货员的拣货数量。

2. AR 技术在仓库中的应用

AR 技术主要通过四个步骤增强现实，第一，采用相机或者头戴式显示设备，比如眼镜，捕捉需要增强的实景；第二，识别实景中需要提供增强信息的元素；第三，从云端获得需要增强的信息；第四，把虚拟的信息与现实的景象进行融合，实现实景增强。

仓库拣货作业经历了按纸质拣货单拣货、用无线射频枪拣货、电子标签拣货到声音拣货，通过 AR 技术的应用，拣货作业发展到了目光拣货的阶段，AR 技术通过箭头导航工作人员到相应的拣选货位，然后准确显示工作人员需要拣选的数量，最后拣货和确认完成。目前，很多仓库员工已经运用了 AR 眼镜，当分拣货物时，戴上 AR 眼镜，可以扫描条形码、显示拣货单的信息（货物在哪，将发往哪里），通过 AR 技术使拣选的效率大大提升，拣选的错误率大大降低。

3. 无人叉车的应用

仓库中的大量装卸作业需要叉车完成，目前，无人叉车的出现可以替代一些简单的仓库装卸作业，比如在大型的仓库中，通过人工进行线路制订和人工按键的操作，在固定的环境和运行路线上作业。这类无人叉车主要是靠电来驱动的，通过无线网络设备对叉车运行的路径和工作流程做一个规划，当然也可以人工介入，通过手持遥控器来进行操作。叉车的头顶设有一个激光探测设备，对周围的环境进行探测，然后根据环境来自动运行。在车的底部同样有这样一个探测设备，但这个设备主要用于确定货物的具体位置，以及准确的探测托盘的口径，以便于叉车臂的叉入。当车辆电池不足的时候，叉车可以根据设定好的运行路线到指定的充电区域充电补给①。

目前，德邦快递浦东分拣中心首次使用了无人驾驶叉车，它可以在长时间内始终延续高效、稳定、精准的工作，这对于广大物流仓储企业来说更加具有实际意义和吸引力。

4. 可穿戴设备的应用

除了 AR 智能眼镜，免持扫描设备、外骨骼、喷气式背包等可穿戴设备也逐渐走进仓储从业人员的视线。比如，RFID 智能拣货手环，是一款多传感器可穿戴腕带，通过集成 RFID 技术，可通过蓝牙与主机设备进行通信，识别位置，当工

① https://baijiahao.baidu.com/s?id=1621515539317623120&wfr=spider&for=pc

作人员移动他的手臂来拣选货物时，手环自动扫描 RFID 标签，并向主机设备自动发送确认，减少了作业流程，且读取更精准。智能拣货手环携带方便，且无需寻找条码，批量拣货优势大，适合拣货任务比较繁重的仓库使用。

再比如，2018 年的“618 大促”，京东为物流作业的一线工人配备了第二代外骨骼机器人，它结合了外骨骼仿生技术和信息控制技术，涉及生物运动学、机器人学、信息科学、人工智能等知识，多用于医疗和军事领域，不仅能给人体提供支撑和保护作用，还可以增强人类的运动功能①。第二代是第一代的升级版本，改为钛合金+航空铝合金的组合，重量由 7.4 千克降为 5.5 千克，控制系统由主动控制的单一方法改成了主动控制+蓝牙手套自主控制的双方法，穿戴上了第二代外骨骼机器人，即使是女性员工，也能够轻松转移一箱 25 千克以上的货品。物流一线工人与外骨骼机器人组成的“人机 CP”，在减轻劳动负荷的同时，还大大提升了运营效率，若是将外骨骼机器人运用在分拣、打包、装卸车等主要物流环节中，便能将仓储、配送环节的运营效率成倍提升。

二、运输环节的智能物流

运输环节主要应用无人驾驶卡车技术。无人卡车与无人乘用车虽然都是无人驾驶汽车，但由于使用场景和目的不同，两者所需考虑的因素并不完全相同。虽然乘用车的自动驾驶测试早于货车，但无人驾驶卡车将会先于无人驾驶乘用车商业化运营，这也是业内的普遍看法②。

高速公路干线物流与港口、矿区、物流园区等半封闭场所，被认为是无人卡车商业化落地的首选场景。对于物流行业来说，干线运输的线路基本是固定的，相比如乘用车在城市内部行驶的复杂路况，卡车大多行驶在城市之间的高速公路上，遇到行人的概率低，需要处理的问题相对较少。司机容易受各种因素影响，驾驶途中难免情绪化，无人驾驶卡车在决策规划上能够比人更精准，还能完全保持理性。

图森未来的无人驾驶卡车在高速行驶时能够识别追踪 1000 米范围内的车辆，可以给卡车的反应留出足够的时间；卡车从感知到控制的反应时间约为 200 毫秒，超过人类司机 1.3～2.8 秒的平均反应时间，横向控制精度小于 3 厘米，优于人类司机的平均值 8.6 厘米。2018 年 4 月起，图森已在某深水港进行无人驾驶卡车的测试，港口货运属于半封闭枢纽场景，与城市之间、城市内部较多的不可控因素相比，属于相对安全的运输场景。港口范围内运输车辆的准入规则由港口制定，

---

① http://baijiahao.baidu.com/s?id=1603884760562309005&wfr=spider&for=pc

② https://baijiahao.baidu.com/s?id=1619511767772549181&wfr=spider&for=pc

法规政策限制少，合作阻碍小。目前，图森未来已在港口试运营超 200 天，运输了超过 15000 个 20 英尺标准集装箱。

物流业界普遍认为，无人驾驶可以节省油费和司机成本，这是物流行业关注的重点，但近几年，无人驾驶卡车系统的成本比较高昂，抵消不了节省的油费和雇佣司机的成本，短时间内不会大规模商业化。

三、末端配送环节的智能物流

据中华人民共和国国家邮政局官网显示，2018 年中国快递行业加速进入高质量发展阶段。快递业务量突破 500 亿件大关，达到 507.1 亿件，比上年增长 26.6%。日均快件处理量 1.4 亿件，最高日处理量达到 4.2 亿件。人均快件使用量为 36 件，快递企业日均服务 2.8 亿人次，相当于每天 5 人中就有 1 人使用快递服务。与 2017 年相比，2018 年净增量达到 106.5 亿件，也创历史新高。增长的含金量在提升，现在快递业务量每增长 1 个百分点，相当于五年前增长 5.5 个百分点。

如此大的快递数量，考验着“最后一公里”的配送质量。城市末端配送中除了最常见的电动三轮车之外，还有用来配送大家电、家具的轻型卡车或微型卡车，但由于一线、二线城市各种限行政策，使用并不广泛。另外，封闭式厢车是快递运输行业里面能见度非常高的车型，许多快递运输都采用这种车型来作为运输载体，定位与用途都与微卡接近。除了这些传统车辆外，为了提高末端投递的质量和效率，各大电商和知名快递纷纷投入巨资研究末端智能投递，除了已经投入运营 5 年以上的智能快递柜，近年还研发了无人配送车、无人机等智能化设备，以期在末端配送中大显身手。比如，菜鸟就不断推出包括菜鸟配送车、无人机、菜鸟快递塔、菜鸟驿站智能柜、菜鸟小盒等一系列智能科技，提供从最后 1000 米到最后 0 米的全面解决方案。下文就智能快递柜、无人车和无人机三种常见的智能设备进行一一介绍。

1. 智能快递柜

人工智能、机器人技术的进步，为劳动力密集型的物流企业向智能化、自动化转型升级提供了契机。为了实现末端配送的集约化，智能快递柜早已走进了大家的生活，几年前业界对智能快递柜抱着很大的期许，认为它是末端配送方式中最经济、最有效的模式，但几年的实践证明，末端配送的困境并没有因为智能快递柜的出现而缓解，尤其社区末端配送这个分支。反而，随着快递数量越来越多，末端配送所需配送员的数量与日俱增，并没有因为智能快递柜的投放有所缓解。

从目前的智能快递柜行业来看，2017 年发生了两次并购事件，中国邮政、三泰控股、菜鸟网络以及复星集团联合重组了智能快递柜品牌速递易，并更名“中邮速递易”；时隔两个月以后，丰巢便紧接着收购了中集 e 栈。自此，智能快递柜行业正式形成以中邮速递易与丰巢为首的两军对垒之势。另外，还有电商企业旗下的京东快递柜和苏宁易购快递柜，不过投放量较少，消费者了解得不多。

大数据显示，2017 年“双 11”期间，丰巢单日派入柜体包裹量达 940 万件，而中邮速递易“双 11”期间包裹总量超过 3600 万件，超过 20 万的快递员在此期间使用中邮速递易智能快递柜，相比之前的数据有大幅度提升。同时，中邮速递易公开的数据显示，在 11 月 12 日 10 点到 11 点，投件量达到高峰，一个小时内有 38.5 万个包裹被投进中邮速递易快递柜①。从以上数据可看出，智能快递柜的用户市场正在渐渐走向成熟，使用频次不断提高，用户黏性逐渐增强，可以说，在末端配送市场，智能快递柜已成为解放人力、提升配送效率、降低成本的重要方式。

（1）智能快递柜的定义。智能快递柜也称为智能快件箱、智能储物柜等，是一个基于物联网的，能够将物品（快件）进行识别、暂存、监控和管理的设备。《智能快件箱》（GB YZ T0133—2013）中的定义是：智能快件箱是设立在公共场合，可供寄递企业投递和用户提取快件的自助服务设备，简称快件箱，由数十个格口及控制柜组成。

通常情况，一组标准的快递柜包括一个控制柜和两个副柜，柜高约 2 米，通常包括 50～100 个不等的格口，但不同厂家的快递柜以及格口尺寸不一。控制柜上有键盘区、扫描区等，柜子周围有 24 小时监控系统，保证快件的安全。

（2）智能快递柜的操作流程。不论什么品牌、什么型号的快递柜，基本都分为快递员存件、客户取件和客户寄件三种操作模式，本文以智能快递柜市场占比最高的中邮速递易智能快递柜为例介绍操作流程。

1）快递员存件流程如图 5-1 所示。

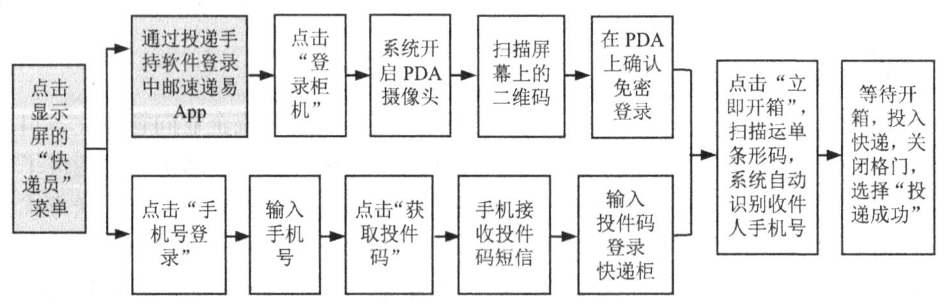

图 5-1 快递员存件流程

2）客户取件流程如图 5-2 所示。

① http://www.sohu.com/a/208058021_168370

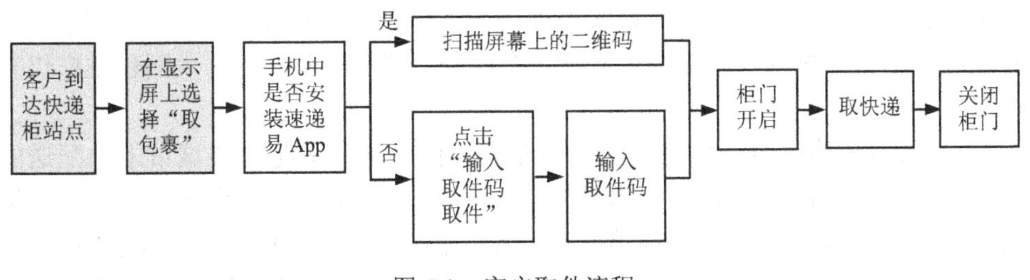

图 5-2 客户取件流程

3）客户寄件流程如图 5-3 所示。

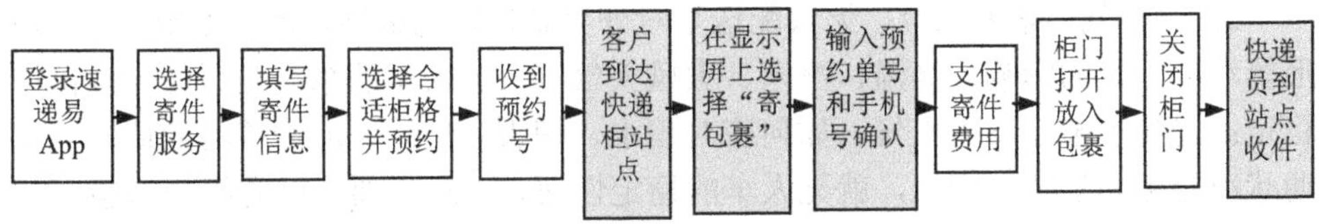

图 5-3 客户寄件流程

2. 无人配送车

（1）无人配送车介绍。随着无人驾驶技术的成熟，无人配送车得到了进一步的发展，车身布满各种高度灵敏的传感器，实时感知周围实际道路情况，帮助无人配送车避开各种障碍物，根据事先规划的配送路线，准时完成配送任务。无人驾驶技术的应用依靠于高精度的数据支撑，只有详尽而全面的数据才能够保障无人配送车的安全、精准配送。海量数据的累积能够建立神经感知网络，帮助无人配送车针对订单位置进行数据分析，为无人配送车的调度提供合理的资源分配方案，提高配送效率①。

相关报告显示，未来几年国内智慧物流市场规模年均增速将达到 20%，各大电商企业、快递企业都加快布局智慧物流建设，尤其是末端配送的研发方面，菜鸟、顺丰、京东、苏宁、美团等均陆续研发无人配送车并开始试运行。比如，苏宁、京东无人配送车在 2018 年的“618 大促”期间相继完成常态化运营；菜鸟研发的小 G 配送机器人完成路测；美团研制开发的配送车也已经在北京朝阳大悦城完成了 B 端测试运营，以及深圳联想大厦的 C 端试运营。

（2）无人配送车面临的问题。随着技术的变革、商业的迭代、消费的升级，物流作为复合型支持行业，智能物流正一步步走向大家的生活。无人配送车作为智能物流的实现方式之一，将用技术带动社会效率和生活方式的革新，提高百姓

① http://www.bkkmachine.com/tag/wurenpeisongche/

的生活品质。在电商、外卖、餐饮等垂直场景快速发展的背景下，无人配送车的前景可谓是一片光明，但是，无人配送车面临着诸多实际问题，大面积推广仍有难度。

1）城市道路的复杂性。无人配送车研发的主要目的是解决城市末端配送的困境，但城市路况复杂，突发事件频发。另外，无人车的行驶速度偏慢，如果大批量出现很可能导致交通拥堵状况出现。而且，目前国家对无人配送车的上路尚未出台标准和规范，若出现意外事故，相关的责任认定和事故评估都难以得到解决。城市道路经常改建维修，碰到这种情况，需要技术人员随时监控，提前做出调整。

2）对天气因素要求高。无人配送车对外界条件较为敏感，极易受到天气、地形等环境因素的影响，高温、严寒、大风天气下，无人车的系统是否还可以保持稳定；遇到下雨、下雪天气，如何应对积水、积雪、结冰、泥泞等路面情况，交通状况会更为复杂。因此，就无人车的稳定性而言，还需要一段时间的考验。

3）设备成本高昂。任何新设备在投入大量商用之前，都必须将成本降到企业可接受范围内。任何新技术的前期研发投入的成本都是庞大的，而后期不断试运行、改进的成本也不容小视。以京东无人配送车为例，2016 年下半年开始投入研发，刚研发出来之时，一辆无人配送车的成本与一辆顶配奥迪 Q7 的价值相当，京东经过不断地降低成本并试运行，在 2018 年“618 大促”之际，推出了只相当于一辆 QQ 轿车价值的无人配送车，并在 618 当天，位于海淀区的京东上地配送站，20 多辆京东无人配送车整齐排列、蓄势待发，正式开启了全场景、常态化的配送运营，在解决“最后一公里”的配送难题上迈出了实质性的一步。

4）需要突破技术瓶颈。无人配送车适应天气、周边环境的能力，适应城市复杂路况的能力都需要进一步改进，另外，配套电池的续航能力、承载能力在目前看来，都比较薄弱，需要通过进一步的技术革新，逐步完善。

5）需要国家政策支持。无人配送车融入末端配送体系，需要国家政策的支持，但我国目前这方面的政策法规尚属空白，无人配送车是否可以上路？如何上路？所装载货物的安全问题如何保证？这些问题的话语权不属于快递企业和电商企业，都需要相关配套政策的出台，才能实现无人配送车走进百姓日常生活。

（3）无人配送车的发展趋势。

1）作为配送员日常工作的补充。无人配送车无法全面替代配送员，只能作为配送员日常工作的补充。比如，可以选择在路况简单的区域，在快递站点和某些封闭小区之间，代替快递员完成简单重复往返的作业流程，可以让配送员从简单重复的工作中解放出来，去完成一些必要的协调工作，比如上门取件或者问题件的派送等。

2）满足消费者的个性化需求。无人配送车可以加入提升服务体验的环节，比如提供有更高价值的定制化服务，与用户增强交流互动。城市中产收入阶层比例的提升，使更多的消费者从重视购买结果向体验购买过程转变，追求品质、追求个性的消费者愿意为个性化体验买单，快递企业可以选择相对封闭的社区或商务区试运行，为有需求的消费者提供无人配送车服务，并适当收费，相信会有更多的消费者体验此项服务。

3）承担封闭区域的配送工作。无人配送车适合路况简单的封闭物业、园区的配送，比如，北京的某些中高档低密度社区，拥有配套地下车库，社区地面上没有机动车停放或者行驶，这样的社区类型更适合无人配送车落地并大显身手。另外，商务办公区物业管理规范，网购中小件多，单位面积快递量大，无人配送车可与快递员配合，承担办公区内各楼层的最终配送任务。总之，无人配送车适合承担 3 千米以内的短距离配送，代替配送人员完成封闭区域内的配送和取件工作。

4）筹建智慧配送站。无人配送车是解决末端配送难题的重要手段，智慧配送站则是为无人配送车供给补养的连接点，是实现全程无人配送的中转站，是解决末端配送无人化的重要一环，可在现有配送站点的基础上进行技术升级，兼备自提、退换货、收发件等一站式服务。2018 年 2 月，由京东自主研发的全球首个无人智慧配送站在西安国家民用航天产业基地落成并投入使用，京东无人智慧配送站占地 14.4 平方米、高 3.6 米，可存储至少 28 个货箱，配备一个发货箱，可实现自提、退换货、收发件等服务，并且还能存放一辆终端无人车并提供充电功能①。京东的智慧配送站作为全球首款智能物流终端，还可以实现真正的全程无人配送中转。该配送站运行时，无人机将货物送到无人智慧配送站顶部，并自动卸下货物。货物将在内部实现自动中转分发，从入库、包装，到分拣、装车，全程 100% 由机器人操作，最后再由配送机器人完成配送。

无人配送车的出现，除了技术和资本的驱动，更多的是迎合了消费者生活习惯的改变，北上广深这类城市的居民生活节奏快，工作压力大，越来越疲于应对各种各样的人，会非常愿意面对和尝试配送机器人进入自己的生活。

3. 无人机

（1）无人机介绍。无人机属于低空飞行航空器的一种，是指通过利用无线电遥控设备和自备的程序、控制装置，以操纵无人驾驶的低空飞行器运载包裹，自动送达目的地。无人机采用八旋翼飞行器，配有 GPS 自控导航系统、GPS 接收器、各种传感器以及无线信号发收装置。无人机具有 GPS 自控导航、定点悬浮、人工控制等多种飞行模式，集成了三轴加速度计、三轴陀螺仪、磁力计、

① http://tech.ifeng.com/a/20180224/44886146_0.shtml

气压高度计等多种高精度传感器和先进的控制算法。无人机配有黑匣子，以记录飞行状态信息①。

无人机送货的历史要比无人配送车早很多，2013 年，顺丰自主研发的用于配送快件的无人机就完成了内部测试，在局部地区试运行。2013 年 12 月，亚马逊就开始测试“Prime Air”的无人机快递项目，通过使用 8 桨遥控无人机实现鞋盒包装以下大小货物的配送，所有订单从发货开始预计会在 30 分钟内送达 1.6 千米范围内的客户手中。2014 年起，谷歌、DHL 也开始加入到此无人机项目中。

（2）无人机面临的问题。各大快递公司竞相研发无人机的主要目的是替代人工投递，实现快递派送的自动化、无人化和信息化，从而提高配送效率和服务质量，以缓解末端配送的困境。但目前来看，愿景是好的，但实施起来困难重重。

1）受天气影响大。极端天气下无人机无法正常运行，一旦遇到狂风暴雨，无人机会被刮得找不到方向，工作人员无法控制。即使是常见的下雨天气，工作人员为了安全起见，也不敢贸然派出无人机配送货物。

2）承载货物重量非常受限。无人机在最初研发时，载重量一般不超过 5 千克，经过近几年的持续努力，载重量已经取得很大的进步。京东经过几年的持续研发，在 2018 年“618 大促”期间，推出了完全自主研发的第一架重型无人机，目标有效载重量达到 1～5 吨，飞行距离超过 1000 千米，完全超出了大家的想象。不过，与其他运输方式相比，大多数无人机的承载重量还是没有任何优势而言的。

3）需待政策进一步落地。无人机给人们带来科技便利的同时，一定程度上会影响低空交通管理系统，存在扰乱正常空中秩序的风险。尤其是用来配送的小型无人机，极易受到天气影响，一阵风就有可能将无人机吹出安全区域。中国民用航空局在 2018 年 3 月 21 日发布了《民用无人驾驶航空器经营性飞行活动管理办法（暂行）》，推进了无人机管制政策的制定，目前，顺丰和京东都获得了无人机飞行方面不同程度许可的相关牌照，但无人机空中商业运营的监管依旧处于不断摸索当中。与无人配送车的政策尚不明确相比，无人机目前已经得到相关政府部门的重视，正在逐渐走向规范化、正规化。

4）考验国民素养。从共享单车出现的层出不穷的问题来看，我国的公民素养还处在较低的层面，即使一线城市也是如此。无人配送设备的运营同样面临这个问题，无人机在低空飞行的过程中，很难避免被故意击中落地，无法避免人为破坏，商品及设备安全无法保证，尤其是在城市的人员密集地区，发生被人为破坏的概率更大。

---

① http://baijiahao.baidu.com/s?id=1596542915201474007&wfr=spider&for=pc

5）技术还有待完善。无人机的传感器、电池、电机等组件成本不菲，导致无人机的采购成本还较高，没有达到大规模应用的低成本。电池续航时间短，载重有限，无法适应较长距离的配送，这也限制了无人机的服务范围。还有承载量低、容易受天气影响等，无人机还有很多的局限性难以突破，必须在技术上继续攻难克艰，才有可能真正大面积应用到商业领域。

（3）无人机的发展趋势。

1）尝试高端配送领域。未来的配送市场必然会细分各个领域，会有更多的人愿意为更美好的物流服务买单，物流企业的技术变革会激发更多消费者的个性化需求，恋人们会乐意付费选择无人机将鲜花或其他礼物空降到对方身边，喜欢稀奇体验的消费者们也会跃跃欲试尝试新事物。以北京为例，可以以居住密度低的高端社区或别墅区作为切入点。

2）适合偏远地区的配送。无人机的优点主要在于解决偏远地区的配送问题，提高配送效率，同时减少人力成本。我国广大的偏远山区，村落之间相隔较远，基础设施差，很多山区因地势因素限制，道路难行。传统配送中，快递员驾驶车辆从城镇站点到周边村镇配送，来回消耗大半天的时间，配送效率却极低，无人机的使用会大大提升此类地区的配送效率。

早在2016年6月，京东在宿迁部分农村已经首次实现无人机送货，按照规划的飞行路线，从京东无人机站点飞往周边村镇的指定地点自动抛货，再由村镇的京东快递员完成配送的最后一步。2019年以来，京东无人机配送常态化运营已经多点开花，均大大缩短了站点至目的地的配送时间，比人工传统配送高效很多。随着电子商务逐渐渗透农村市场，农村物流规模也将逐渐扩大，无人货车和无人机的普通使用情景未来可期，可使用无人货车将网购物品运往乡镇站点，再由无人机运往周边村庄，消费者可以去本村的自提点领取。

3）适合小批量、高频次的配送。随着B2C、C2C电商模式的飞速发展，电商快递件数量逐年递增，据电商巨头亚马逊统计，85%左右的快递件重量均小于5磅（约2.27千克），小批量、高频次是电商快递的典型特征，无人机效率高，速度快，可在电商快递领域大显身手。随着技术的不断成熟，无人机的承载重量也在不断提升，可作为站点和居民集中地区的衔接环节，并与各种末端自提点结合，优化末端配送流程，提供更优质的末端配送服务。

末端无人机、无人车是解决城乡“最后一公里”配送难题的重要手段，无人智慧配送站则成为两者互相连接，实现全程无人配送的中转站，是解决末端配送无人化的重要一环。物流无人化的最大优势是提高效率，降低成本。随着人口红利的逐渐消失，物流无人化的趋势将不可避免，未来的物流将会是无人化的世界，科技创新推进了物流行业无人机、无人车、无人仓的蓬勃发展。目前看来，现阶段物流无人化的成本远高于人工成本，各大企业还无法将无人机、无人仓进行大规模商用，目前的概念离成熟运用和系统集成还有很大差距。

作为无人仓的重要构成元素，分拣机器人的商业应用效果较好，目前京东无人仓的存储效率是传统横梁货架存储效率的 5 倍以上。京东昆山无人分拣中心的分拣能力可以达到 9000 件/小时，分拣环节的效率提升了 4 倍，在同等场地规模和分拣货量的前提下，每个场地可节省人力 180 人①。无人机和无人车若想全面商业化依旧困难重重，一方面在无人技术上还达不到商业化所要求的精准、高效和低成本，商业化领域是不允许有任何失误的，一次小错误就可能全盘皆输，将几年的努力付之东流；另一方面，众所周知，无人机是最佳运货工具，可以飞直线，不用受地形的影响，但是，“能不能飞，能不能上路”的话语权不在快递和电商企业手中，还有待审批部门的放开。

相比无人机、无人车的犹抱琵琶半遮面，智能快递柜却已走进百姓的生活多年，下文将针对智能快递柜进行深入研究。

第二节 智能快递柜在高校和社区的比较分析

一、智能快递柜的使用效率

1. 高校快递柜使用效率高

高校学生数量多，人员密集，很多学生网购频次较高，每天下订单的学生不在少数，因此，高校的单日快递数量要远高于居民社区。高校学生群体喜欢接受和尝试新事物，快递柜在高校投放之初，很多学生简单了解后就开始使用了，不存在磨合和适应期。快递流量大和学生的使用意愿高这两项因素直接导致高校智能快递柜的使用效率远高于居民社区的使用效率。很多高校智能快递柜柜格每天的使用周转率高于 2 次，社区智能快递柜的使用周转率每天最多 1 次，甚至相当比例的柜格长期空置。这两年，“近邻宝”智能快递箱与诸多高校的合作较为顺畅，真正起到了“远亲不如近邻”的作用，为用户保护隐私及安全，节约时间，提供便捷的快递自助服务。搭起了电商、快递公司、消费者之间顺畅的对接平台，提升客户的购物体验，提升社会物流效能。不过，这两年生鲜电商快速崛起，很多高校学生开始在每日优鲜、盒马鲜生、叮咚买菜等 App 上下单购买水果等商品，此类 App 的商品配送都属于即时配送范畴，属于智能快递柜无法解决的末端配送的类别。高校学生生鲜商品的购买和外卖的订购，都需要通过走出校门去指定地

① https://baijiahao.baidu.com/s?id=1593730082806993374&wfr=spider&for=pc

点与快递员面对面交接来完成。

2. 社区快递柜使用效率低

相比高校，我国居民社区网购消费人群构成复杂，社区的规模大小、档次、居住密度、居住人群都会影响此区域网购订单的种类和数量，而且某些社区人员流动性大，很难准确预测某个时期某个社区的网购订单数量。社区快递柜使用效率长期低下，究其原因，主要有三：第一，与高校相比，社区快递数量大量减少；第二，社区居民习惯快递送货上门，短期内这种习惯很难改变；第三，某些大型社区智能快递柜的摆放位置较为偏僻，如果不能顺便路过，很多居民不愿专门花费时间去快递柜取快递，宁愿在家坐等快递上门。这些因素直接导致了社区的快递柜柜格日周转率低于 1 次，使用效率低，并且远低于高校的快递柜使用效率。

随着外卖业和社区生鲜电商的快速崛起，即时配送占比将逐年提升，除了冷链商品以外，以往习惯在天猫、淘宝购买的普通日用品，都在转向在可以即时配送的社区零售 App 上下单，可以预计智能快递柜未来几年的使用前景将陷入更为尴尬的境地，在社区的利用率将进一步下降。

二、智能快递柜的投放成本

1. 高校智能快递柜投放成本低

高校日快递数量庞大，各快递公司的快递员在高校门口或者高校内指定地点摆放摊位，等学生来取，这种情况对高校的综合管理和环境卫生方面都带来一定的考验。高校管理部门为了解决校园快递导致的环境脏乱差问题，为了满足学生日益增长的网购需求，也为了数字化智慧校园建设，从学校角度，会比较乐意规划出一定场所来配合快递公司、电商企业或第三方快递柜企业设置智能快递柜。可以说，快递柜在高校的投放遇到的阻力不大，是双方共赢的局面，投放公司除了快递柜本身成本、日常耗电费用和人力维护成本，没有额外的入场费用和其他租赁费用等。另外，高校都有不少学生创业的项目和大量勤工俭学的学生，可通过这些项目吸引更多的学生参与进来，还可以进一步降低智能快递柜的运营成本。

2. 社区智能快递柜投放成本高

我国居民社区规模、类型、密度、档次众多，管理口径不一，在社区投放智能快递柜有一定的难度。快递柜在社区的投放，最大的阻力来自物业，智能快递柜进小区需要交纳一笔进场费，这个费用目前没有统一标准，而是由社区物业自己决定。目前看来，物业收取的进场费少则几千，多则上万，这对目前还处于亏损的快递柜行业而言，是一笔不菲的费用，可以说高门槛挡住了社区智能快递柜的建设。目前很多社区快递柜的投放，物业依旧处于主导地位，投放企业很难绕过物业去完成这件事情。

三、智能快递柜的盈利模式

智能快递柜行业从第一阶段的多家混战到第二阶段的两巨头对垒，依旧处于全行业亏损状态。快递柜的收入主要来源于客户、快递员和广告三方面。目前的盈利模式是，快递员向快递柜投放快递，根据使用格口的大小，需要向快递柜企业支付 0.4～0.6 元/次不等的费用；用户若超过 24 小时没有取件，超期每天收取 1 元钱；快递柜柜身可以投放产品广告，控制屏也可播放广告画面或视频，广告收益不定。据速递易发布的公告，智能快递柜 2016 年收入的 80%左右来自广告渠道，仅 20%左右来自快递柜派件、超期业务。可见，不论是高校还是社区，只靠收派件，此行业很难盈利。

1. 高校智能快递柜盈利分析

高校智能快递柜使用人数多、频次高，学生通常全天在校，即使偶尔不在校，也会委托同学代取快递，一般 24 小时内会正常取件，超时未取件的概率低，所以高校学生几乎不会为超时快件额外付费。不过，高校快递数目庞大，快递员为了提高快递效率，可能会付费使用智能快递柜，腾出更多的时间开发寄件业务，来获取更多的业务提成。智能快递柜通过高校学生超时付费渠道的盈利极其微薄，主要通过快递柜播放广告的渠道来获得收入。

2. 社区智能快递柜盈利分析

社区种类繁杂，网购消费模式多元化，不同社区的日快递数量很难估算。快递员负责的区域如果收单业务量大，就有可能为送件支付快递柜费用，如果某社区快递员基本从送件中获得提成，就很难再从微薄的收入中挤出使用快递柜的费用。快递柜社区用户也不会愿意因为超时而支付额外的储存费用。另外，社区快递柜的广告价值有限，此渠道也很难产生可观的利润。

四、智能快递柜提升盈利的策略

1. 优化智能快递柜的选址

为智能快递柜科学合理地选址和布局，有利于快递柜的推广和提高使用效率。高校的快递柜可选择在教学区、宿舍区等人流量较大的位置，或者选择在学生上课、下课、食堂、图书馆等日常通勤路线的必经之地设置，都有助于提高快递柜的使用周转率。社区种类繁杂，小型社区可以选择在社区入口处；大中型社区就需要根据社区区域规划认真考虑，如果选址偏僻，会极大地降低快递柜的使用效率，可以选取两个以上位置设置多处快递柜，方便更多的居民使用。

2. 改善智能快递柜格口大小比例

目前，市场上投放的智能快递柜格口尺寸基本分为大中小三种规格，数量为几十个不等，但高校和社区消费特点不一，网购商品种类和大小也存在区别，在快递柜的格口数量和比例上，应根据此区域网购消费的特点做出相应的改善。高校网购数量庞大，小件包裹占比较高，高校智能快递柜应该设置较多的中小格口，大格口比例适当降低，以满足存放小件服装鞋帽、化妆品、数码产品等快递的需求。根据社区网购快递特点，智能快递柜应提高中大格口比例，并且增加冷藏冷冻格口，以适应越来越多的社区生鲜食品网购需求。

3. 智能快递柜广告投放应更具针对性

广告为快递柜收入来源的一个主要渠道，在广告投放上，可以针对高校和社区不同的消费特点来有效投放。除了高校周边商圈的促销广告，还可投放电子产品、游戏产品、运动产品、驾校、英语培训、周边旅游、影讯等适合学生群体消费的产品广告。社区智能快递柜针对更具多样性的社区消费群体，广告涉及面会更广泛，可以为宠物店、口腔门诊、美容美发、电影院等社区周边店铺投放广告，也可为京东、唯品会这类电商投放广告，会起到更好的作用。

4. 智能快递柜应发力逆向物流

众所周知，快递业的利润主要集中在寄件，应通过寄件端寻找新的赢利点，满足用户随时寄件的要求。高校学生网购服装鞋帽比例最大，但与此同时，服装鞋帽也是淘宝平台上退货率最高的品类，个别店铺甚至高达 50%，高校日快递包裹量庞大，发生的退货量也不在少数，快递柜应该多关注寄件渠道来产生更多的利润。社区网购商品多元化，社区智能快递柜寄件功能也需要进一步完善，快递柜厂家应设计更便利的程序和环节，让居民寄件更便捷，逐步培养社区居民使用智能快递柜的日常寄件习惯，有部分用户为了安全和保护私密，会慢慢改变在家坐等快递员取件的习惯，并逐步接受步行 10 分钟内到智能快递柜站点自助寄件的模式。

5. 为智能快递柜开发更多的增值业务

快递柜除了开发广告外，还应创新更多的增值业务来满足网购用户，针对高校学生，快递柜可提供订购火车票、购买电影票、话费充值等服务，不过，学生日常已经习惯使用手机来完成这些消费，如果快递柜的订购服务和手机订购相比没有优势，短期内也无法形成利润点，这是下一步值得考虑和商榷的。针对社区消费用户，快递柜可以开发银行业务、洗衣、理财、保险、云售药、临时存储等业务，这些增值业务操作务必简单方便，否则消费者宁愿坐在家里，在手机上动动手指完成，也不会选择在快递柜界面上操作。

当前，快递入柜率只有 2%～4%，也就是全年超过 300 亿件的快递，只有 2%～4%是用快递柜收件的，我国已经进入日快递量超亿件的常态，而根据“十三五”规划，到 2020 年，这个比例要达到 10%。快递柜市场潜力巨大，未来几年，快递入柜比例将从 2%提高到 10%，这不仅仅是比例数字上的提高，而是快递绝对数量的几何级增长，要实现这一目标，需要快递柜企业、快递企业、快递员、用户，甚至高校管理部门、写字楼物业、社区物业以及政府的多方努力及付出，智能快递柜才有可能成为智慧城市和智慧物流的一个有效构成元素。

第三节 社区智能快递柜融入社区生态圈研究

一、社区智能快递柜的构成主体

在解决社区“最后一公里”末端配送的困境时，智能快递柜已经被业界公认为有效的解决方式之一，但离社区居民普遍接受和使用还有很长的路要走。在社区智能快递柜的运营中，包括快递柜投入方、使用方以及物业三个构成主体。具体如图 5-4 所示。

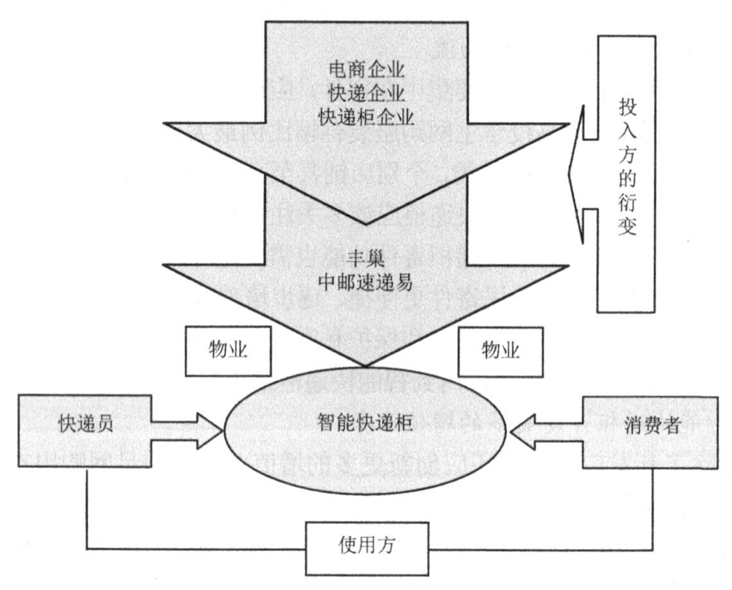

图 5-4 智能快递柜构成要素图

1. 投入方

快递柜的投入方主要包括快递系、电商系和独立的第三方快递柜企业三方阵营，快递柜企业主要为速递易、近邻宝等；电商企业为京东、苏宁易购等，京东、苏宁都曾花费巨资在一、二线城市铺设过自提柜；快递企业为顺丰、通达系等。智能快递柜市场经过了多年跑马圈地式混战，2017 年进入了整合元年，目前形成了民营快递顺丰主导的丰巢柜以及国有企业中国邮政主导的的中邮速递易柜两巨头对垒之势。

2. 使用方

智能快递柜基本功能是存取快递，具体使用者包括快递员和消费者。快递员在经过用户允许后，将快递放在智能快递柜中暂存，等待用户在规定时间（24 小时或者 48 小时）内取走，若超时未取，会被收超时储存费用。消费者可在方便的时候利用 App、密码或者二维码等取出自己的快递。

3. 物业

社区智能快递柜绕不开物业，投放必须经过物业的同意，并按年度支付租金才可以投入使用。在快递柜的成本结构中，除了柜子的生产成本、人工管理费和日常维护费外，支付给物业的租金费用也是运营成本之一。物业对快递柜的支持力度会影响快递柜的投放位置、使用效率、使用周期以及在社区发展的可持续性。

二、社区生态圈介绍

1. 生态圈定义

生态圈又称商业生态圈，是指商业活动的各利益相关者共同建立一个价值平台，并通过平台实现生态价值的最大化。生态圈中的企业除了关注企业自身之外，应多关注企业的周边要素，商业生态圈的各构成要素应优势互补，资源共享，共同构建一个强大的商业共同体。与生物生态圈相比，二者有很多类似之处，要素之间的竞争性虽然存在，但更需要强化的是构成要素之间的协作性、联动性、共赢性和整体发展的持续性。

2. 社区生态圈

社区生态圈是以社区居民为核心，以打造社区居民便利、智慧生活为宗旨，包括社区物业、社区周边各类商家等利益相关者构成的一个社区生活综合体。本书的社区生态圈是以社区居民为核心，以物业为大管家，辐射内环生活必需圈以及外环生活便利圈，具体如图 5-5 所示。

（1）社区居民。毋庸置疑，社区居民是社区生态圈的绝对核心，圈内其他主体的活动基本围绕社区居民展开。社区规模、档次、居住密度和年龄占比等因素都影响着社区生态圈的构成和发展，因此，不同类别社区的生态圈应有所区别，应搭建不同类型和占比的商业业态。比如，随着我国老龄化社会的到来，生态圈中会有更多围绕社区老龄人口展开的商业构成要素及其活动。

（2）社区物业。社区物业是社区居民的大管家，负责社区的日常维护和正常运转。社区居民有困难找物业，这不是一句空话，表明物业的宗旨就是为业主服务。物业对社区进行必要的管理，保护居民的合法权益，也应主动接受业主委员会的监督和协调，彼此理解和互相支持，为建设和谐的社区生态圈共同努力。

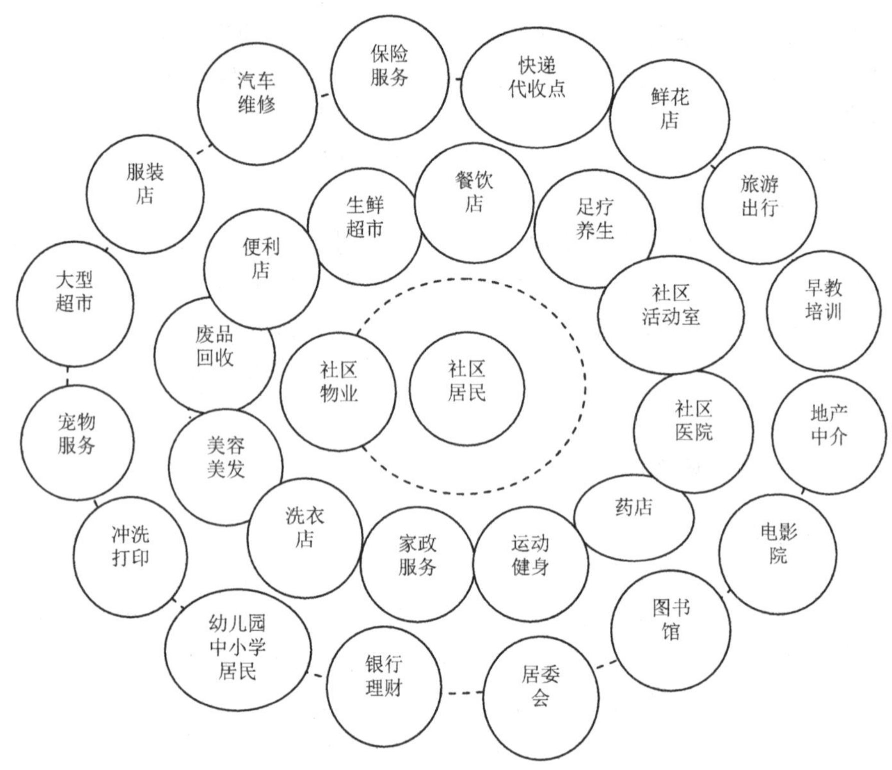

图 5-5 社区生态圈结构图

（3）内环生活必需圈。内环为辐射在社区居民周边 1 千米内的生活圈，此内环圈基本满足社区居民日常衣、食、住、行，具体包括生鲜超市、便利店、餐饮、美容美发、洗衣店、废品回收、家政服务、药店等构成主体，基本能满足社区各年龄段居民日常所需，其中，很多社区都是餐饮所占比例最大。

（4）外环生活便利圈。外环为辐射在社区居民周边 1～3 千米的生活圈，此外环圈满足社区居民休闲娱乐、旅游出行、孩子教育、家庭理财、运动健身等其他需求，为了满足居民更美好、更便利的生活需求，此圈的构成要素会更多元化、多层次，包括金融机构、培训机构、宠物服务、旅行社、社区医院、汽车维修、快递代收点等构成主体，打造居民 15 分钟生活便利圈，满足日常生活的全部之需。

3. 社区生态圈的属性

（1）服务属性。社区商业生态圈是以社区居民为核心辐射在社区周边的各种门店业态，社区商业的目标客户非常明确，出发宗旨就是为社区居民服务，尽量满足社区居民的基本日常需求，在城市的所有商业中，它与社区居民空间距离最近，最易创建较为亲近的关系，是承载社区公共生活的重要平台和载体。

（2）便利属性。社区商业生态圈的功能就是便民和利民，为居民提供更加方便快捷的商品和服务，为居民打造15分钟生活便利圈，便利服务是首要目标，否则就失去了社区商业生态圈作为属地商业的基本意义。

（3）综合属性。社区生态圈具有稳定的市场基础，为居民的日常生活、休闲娱乐提供多元化的产品和服务，社区居民可在家门口实现所有基本生活需求，这对未来的老年化生活社区有着更为现实的意义。

三、智能快递柜融入社区生态圈的SWOT分析

1. 构建智能快递柜融入社区生态圈的SWOT矩阵

首先从社区智能快递柜所处的内部因素和外部因素分析，尝试构建了社区智能快递柜的SWOT分析矩阵，具体见表5-1。

表5-1 智能快递柜融入社区生态圈的SWOT分析矩阵

	S（优势）	W（劣势）
内部因素	•提高社区末端配送效率及降低成本 •为社区居民提供便利 •快递柜企业拥有完善的资源和网络 •可自动传输、提供大量数据 •适合居住人口密集区域使用 •安全高效，24小时工作 •有效保护社区居民隐私 •适合上班族以及年轻群体	•格口大小不适合社区网购特点 •社区安装前期投入成本高 •社区实现盈利更艰难 •不适合生鲜商品及贵重商品 •不能当面验货 •不支持货到付款
	O（机会）	**T（威胁）**
外部因素	•市场发展空间巨大 •社区快递数量日益增多 •政府鼓励支持 •适龄快递员劳动人口下降 •建设智慧城市及智慧物流配套之需	•社区居民的习惯和意识 •社区物业 •菜鸟驿站或其他合作代收点 •熊猫代收等专业代收点 •京东便利店、苏宁小店等线下业态 •即时配送占比逐年提升

（1）快递柜内部优势分析。

1）提高社区末端配送效率及降低成本。智能快递柜的核心功能是快递包裹的收件和寄件功能，利用快递柜，快递员可减少送快递上门时间、等待时间、沟通时间以及可能产生的二次配送时间，将快递包裹统一放入社区智能快递柜，实现

了集中配送，大大提高了配送效率，并降低了投递成本。

2）为社区居民提供便利和保护隐私。智能快递柜最大的优势在于便利，适合上班族与年轻群体。第一，时间便利，快递柜 24 小时服务，快递员寄存和居民取件都无需受时间约束，可以自由安排；第二，地点便利，社区智能快递柜大多选择在社区入口处，居民可在下班或出门办事时顺便取件；第三，操作便利，快递员按照操作流程放入快递柜后，居民可使用密码、二维码或手机 App 等取走快件。网购时，居民不用填写家庭住址，只需填写社区快递柜的地址，一定程度上保护了消费者的隐私。

3）快递柜所属企业拥有完善的网络和资源。快递柜市场已从多方混战发展到两巨头对垒，分别为中邮速递易和丰巢。中国邮政具备其他任何快递企业都无法比拟的网点覆盖优势，尤其是在广大农村市场占据绝对优势，作为快递柜市场占比最大的企业，完全可以进一步扩大快递柜资源网络市场并开发新的增长点。顺丰作为民营快递的领头羊，占据着快递柜市场的第二大份额，顺丰也可以依托现有业务逐步让快递柜市场步入正轨。

4）快递柜可自动传输大量数据。当今时代，大数据对企业的重要性不言而喻，2017 年 6 月 1 日阿里和顺丰的拉黑事件根本起因就是大数据之争。快递柜的使用量在 2017 年进入快速增长期，预测未来几年将会爆发性增长，快递柜一经使用，数据就会自动传输到平台，这是电商企业、快递企业等都希望获得最终消费者使用的绝对真实数据，企业对数据进行有针对性的挖掘与分析，以获得对公司经营策略提升的数据支持。

（2）快递柜内部劣势分析。

1）快递柜格口尺寸较为单一。经过调查，社区里现有的快递柜，一般都有 50～100 个格口数，以丰巢快递柜为例，小格口尺寸为 45.4cm×34cm×8cm，限重为 1kg；中格口尺寸为 45.4cm×34cm×19cm，限重为 3kg；大格口尺寸为 45.4cm×34cm×29cm；限重为 5kg。其中小格口占比最高，达到 55%，中格口占比 36%，大格口最少，占比 9%。

2）快递柜不适合中大件和异形包裹。末端配送主要包括社区、高校、写字楼三类区域，与高校和写字楼不同，社区通常以家庭为单位进行消费，中大件快递包裹明显偏多，商品种类也会更加丰富。除了家具、电器等大件之外，靴子、瑜伽垫、枕头棉被、旅行箱等高频类网购商品都无法放入快递柜，某些网购频率较高的小型家居用品、异形快递包裹也无法使用社区快递柜。

3）快递柜不适合生鲜商品和贵重商品。随着社区居民生活水平不断提高，网购优质生鲜商品的比例逐渐提高，快递柜无法储存生鲜商品也是缺陷之一。另外，网购贵重商品和奢侈品后，消费者更倾向于快递员上门服务，可以亲自验收，有问题及时处理，快递柜也无法支持货到付款。

4）快递柜行业实现盈利艰难。快递柜前期投入包括柜体成本、人工成本、日常维护成本和物业租金等，相比不菲的投入，盈利却是杯水车薪。快递柜盈利主要来自三方面：第一，主柜显示屏投放的广告收益；第二，收取快递员投递的费用，根据大小不同，每件收取 0.4～0.6 元；第三，收件人超时取件需要支付费用，超过 24 小时，一般收取 1 元/天。不论是消费者还是快递员，都对快递柜收费较为抵触，广告投放还不成系统和规模，收入是极其微薄的。

5）最终用户使用快递柜体验差。很多快递员在使用快递柜时，逐渐形成了不主动征求消费者意见，直接将包裹放在快递柜中，仅仅是单方面短信通知用户，没有提前沟通和确认，那些坐等送货上门服务的消费者，会有一种“先斩后奏”的服务感受，没有真正解决用户的痛点。快递柜作为快递企业和用户之间的桥梁，没有被正确地利用，消费者服务体验差，即使快递柜中的物品完好无损，对双方而言，也极容易成为事实纠纷和麻烦的制造者。另外，以丰巢为例，包裹在快递柜存放超过 24 小时，取件码就会失效，消费者需要扫码绑定本人手机，关注微信后才能取件，并收取“逾期存储费”，除了备受用户吐槽的超期收费，还有可能会被“收小费”，在输入提取码后快递柜界面会跳出赞赏码，虽然可以取消赞赏，但界面本身的误导性，却有可能被吸引“入坑”。可见，快递柜离商业很近，离用户很远。

6）快递企业之间意见不统一。2018 年 6 月，申通快递、韵达股份相继发布公告，宣布全资子公司转让持有的“丰巢科技”全部股权，至此，通达系快递公司都退出了丰巢的股份。距离 2015 年 6 月 7 日顺丰联合申通、中通、韵达以及普洛斯集团共同宣布创建丰巢科技整整三年时间，快递企业间在快递柜行业的合作就走向了终点，实际上， 2016 年丰巢提供的各家快递公司快递柜使用数据显示，中通使用量占比 22%、圆通占比 18%、申通占比 14%、韵达占比 14%、百世占比 10%、顺丰占比 6%，京东、EMS、天天等瓜分剩下的份额。此数据虽然比较老，但也能说明一些问题，可以看出在顺丰主导的丰巢快递柜业务上，虽然顺丰持股最高，但使用量占比很低，也就是说顺丰自己的快递员很少使用丰巢快递柜。快递柜在红红火火发展几年后，商业模式依旧不清晰，广告和增值服务也并没有新的突破，作为社区流量的切入口也并不成功，所以，从长远来看，通达系不看好丰巢快递柜，大多快递业务来自淘宝、天猫的通达系，皆是菜鸟联盟成员，可能会更看好阿里旗下菜鸟网络入股的速递易智能快递柜企业。

（3）快递柜外部机会分析。

1）快递柜市场将进入飞速成长阶段。2017 年 12 月 9 日，快递柜行业市场占有率第一的中邮速递易在官网宣布，旗下智能快递柜累计派送包裹量成功突破 13

亿。据统计，2017 年 10 月 22 日，中邮速递易的累计派送包裹量刚刚突破 12 亿。从 0 到破亿，中邮速递易走了 3 年，但现在从 12 亿到 13 亿，中邮速递易却只用了一个多月的时间[①]。这成为快递柜行业的全新里程碑，意味着快递柜市场的初期规模搭建和培养期已经结束，下一步快递柜行业将进入飞速成长阶段。

2）日益增多的快递数量之需。根据中华人民共和国国家邮政局提供的年度快递数据，得出 2011－2017 年的中国快递包裹量与包裹量增速图，具体如图 5-6 所示。从图中可看出，2017 年网购增速明显放缓，从 2012－2016 年每年递增 50%左右，到 2017 年快递数量递增 28%，但线上零售依旧是整个社会零售中增速最快的分支，预测 3 年后 2020 年快递包裹量或将突破 700 亿件。如此大的快递数量，不能仅靠快递员送货上门，必须加快智能快递柜在社区的投放，来配合搭建社区末端配送的高效网络。

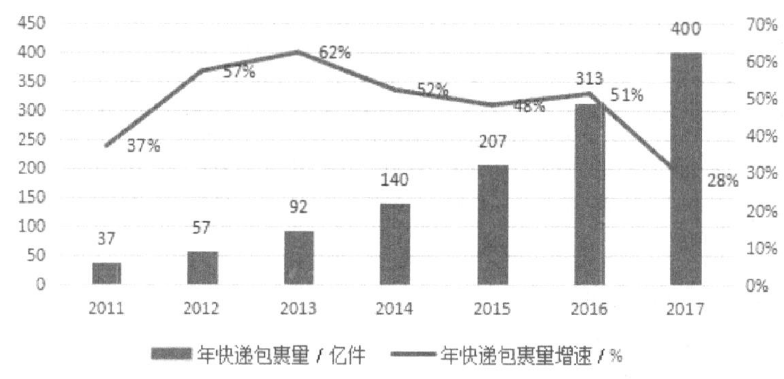

图 5-6 中国快递包裹量与包裹量增速图（2011－2017 年）

3）快递员从业人口下降之需。如果不提高末端配送效率，2020 年，快递员从业所需数量将是目前数量的 1.5～2 倍，才可以满足市场需求。这在包裹量继续高速增长，劳动人口增速为负的社会大背景下，可以预见未来几年快递员将出现严重供给不足的现象。提高社区最后一公里配送的效率是当务之急，智能快递柜和代收网店都将逐渐发挥巨大作用，提升行业效率。

4）政策鼓励推进社区智能快递柜市场。2015 年，国家邮政局审议并原则通过了《智能快件箱投递服务管理规定（暂行）》。2017 年的全国“两会”再次提到了快递业的发展，代表和委员们提出，应将智能快件箱的普及纳入城市社区发展规划。2019 年 6 月，交通运输部网站正式发布了一个关于智能快递柜行业监管的文件《智能快件箱寄递服务管理办法》，此管理办法虽然只有 35 条，但对于智能

① http://sposter.net/media/detail?id=78

快递柜行业而言，却具有极其重要的意义，管理办法针对快递柜日常经营的诸多细节，都给出了明确的规定和说明，比如，使用智能快件箱，怎么派送？怎么收寄？哪类东西可以放到智能快件箱？哪类物品不得使用智能快件箱？此办法将会促进整个智能末端快递行业监管再上新台阶。另外，随着人工智能技术、自动化技术、信息技术的飞速发展，末端配送的智能化程度将不断提高，智能快递柜的普及也是智慧城市和智慧物流的配套之需。

（4）快递柜外部威胁分析。

1）社区居民的习惯和意识难改变。长期以来，社区居民都习惯在家里等快递，消费者的观念尚未从“等快递”向“取快递”转变，社区智能快递柜投放几年来，使用效果不佳，远没有达到各方期待的效果，除了上班族以及愿意尝试新事物的少数消费者外，大部分消费者还没有习惯使用这种智能化末端配送工具，转变意识是当务之急。

2）社区物业的多重角色。我国社区物业的经营模式包括包干制和酬金制，不论何种模式，物业都占据主导地位和话语权。现阶段在社区智能快递柜的投放过程中，投放方较为被动，都必须向物业支付租金，选址也需要听从物业的安排，物业的支持配合力度和收费额度都会影响快递柜的正常投放使用。另外，某些物业还义务帮业主代收快递，由于物业无专人管理，快递丢失、破损现象无法得到有效处理。

3）菜鸟驿站或其他合作代收点。菜鸟驿站是由阿里巴巴旗下菜鸟网络牵头，建立面向社区和校园的物流服务的平台，为用户提供包裹代收、代寄等服务，致力于为消费者提供末端配送最后一公里服务，与智能快递柜的基本功能一致。不同的是，菜鸟驿站有专人值守，智能快递柜无法存放的商品种类和中大件包裹，这里都可以存放。不过，菜鸟驿站或其他合作代收点不是 24 小时服务，大多为社区门店的兼职业务，在合作和日常业务方面存在一些潜在风险。另外，设置密度也远远不能满足社区居民网购所需。

4）熊猫代收等专业代收点。与菜鸟驿站大多为合作模式不同，熊猫代收是基于快递最后一公里的本地生活服务的平台，是专业化连锁代收网络模式的代表，已经凭借独立的第三方身份逐步掌握了社区末端配送流量入口，并尝到了商业变现的甜头。此专营模式更加正规化，专人管理，安全性及稳定性都较菜鸟驿站等合作模式更高，随着此类专营代收网点与快递公司、电商公司形成稳定合作，可以预期，未来将成为解决末端配送难题的有效方式之一。

5）即时配送飞速发展。即时配送又称分钟级配送，近年来，即时配送行业呈现爆发式增长，手机 App 上点外卖、买菜、买肉、买咖啡、买水果、买药或者下单附近超市生鲜到家，这些城市社区居民每天都要发生的购买活动都需要即时配送的支持，可以说即时配送正在改变大家的生活，也激发了电商和快递行业在此物流领域的新一轮竞争。社区消费者的即时配送需求依旧会快速增长，这与智能快递柜的临时存储目标不一致，消费者的总购买需求不会无限制地增加，即时配送的网购商品占比增大，传统配送的网购商品占比就要下降，这是此消彼长的关系，对于智能快递柜的发展是不利的。

2. 智能快递柜融入社区生态圈的 SWOT 提升策略

经过内部优劣势以及外部机会挑战的分析，尝试从 SO、ST、WO、WT 四维度提出改进策略，具体见表 5-2。

表 5-2 智能快递柜融入社区生态圈的 SWOT 提升策略

SO（优势+机会）	WO（劣势+机会）
•为建设社区智慧末端物流发力 •政府积极推进社区智能快递柜的投放 •利用已有资源网络和设施开发新功能 •提供数据为社区生态圈服务	•改善快递柜格口尺寸大小和比例 •借势发力实现新的赢利点
ST（优势+风险）	**WT（劣势+风险）**
•提高社区居民使用快递柜的意识 •推进社区快递柜的共享	•改变快递柜的属性 •与其他社区末端配送模式合作共赢

（1）SO 维度提升策略。智能快递柜经过 5 年的市场培育，本身已具备了很多优势，外部市场和政府也给予了良好的发展环境和机会，如何将市场机会和政策红利转化为可持续发展点，是此行业发展重中之重。

1）为建设智慧城市和智慧物流发力。智慧物流将是大势所趋，社区智慧末端物流是城市智慧物流体系的重要一环，也是最难解决的物流瓶颈之一。大城市的社区居住密度高，人员密集，网购次数多，铺设智能快递柜是非常有效的解决方式之一。

2）政府积极推进社区智能快递柜的投放。各级政府已将智能快递柜的建设纳入智慧城市的规划范畴，政府应出台规定，新建小区应把智能快递柜作为社区基本配套设施，由房产开发商负责建设。对于未设置快递柜的已建小区，政府应要求社区居委会或者物业与居民协商，合理选址，与快递柜公司合作，尽快为社区安装快递柜。

3）利用已有资源网络和设施发力社区逆向物流。经过近 5 年的市场培育，快递柜在 2017 开始发力，用户使用数量和黏性不断提高。中邮速递易和丰巢作为快递柜的两大主导方，应借势发力，聚焦寄件端，发力逆向物流。快递柜寄件来源主要是各大电商退货，其中以服装鞋帽比例最大，与快递员上门取件相比，快递柜寄件要有价格优势，社区居民才会选择。比如，顺丰推出快递柜寄件优惠，通过为社区居民发放优惠券的形式，逐渐培养消费者使用快递柜寄件的习惯。

4）利用大数据为社区生态圈服务。社区快递柜收集的居民消费大数据是极其珍贵的一手资料。电商和快递企业通过挖掘数据，分析客户的购物习惯和购物频率，了解客户真正想要的，就可以精准投放市场和进行宣传，明确下一步发展的方向，为用户提供更加贴心智能的服务。另外，如果这些数据可以共享给社区生态圈，社区商家能够在数据基础上分析出潜在的居民需求，合理规划，刺激社区居民新的消费，也是未来发展的趋势。

（2）ST 维度提升策略。任何新事物都有个接受的过程，智能快递柜也不例外，虽进入市场 5 年，但相当比例的社区居民对它并不熟悉，让更多的居民了解并使用它，是当务之急。

1）提高居民使用快递柜的意识。社区智能快递柜最先被上班族和注重保护隐私的社区居民接受，但还需要被更多的人接受并使用。社区居委会和物业应协助快递柜企业优化快递柜选址，应设在社区居民日常出行的必经之地，方便大多数社区居民的使用。另外，二者还应承担宣传义务，让居民学会快递柜的使用方法，快递柜公司通过发放小礼品、优惠券等形式，培养大家的使用意识和习惯，从“等快递”到“取快递”转变。

2）推进快递柜在社区生态圈的共享。快递柜应该尽快摆脱多方恶性竞争的局面，推出各主体免费共享，成为社区居民、社区商家、物业、快递员之间的沟通服务桥梁。2017 年 6 月京东宣布全面接入丰巢快递柜，京东快递员可免费试用，成为京东社区末端配送的有效补充，并在信息上实现了互通。快递柜不应只是两方共享，而是社区生态圈所有各方的共享，除了向所有快递企业、电商企业开放使用外，也应该成为社区商家与社区居民搭建线上线下服务的工具，尝试社区 O2O 等功能的拓展。

（3）WO 维度提升策略。截至目前，智能快递柜依旧是严重亏损行业，除了根据社区网购特点，积极改善自身不足外，更应该借势发力，多方配合，实现新的赢利点。

1）根据社区网购特点，改善快递柜格口尺寸大小和比例。2017 年，社区网购迎来了新的变化，网购数量增速放缓，高价值商品比例提高，网购商品种类更加丰富。其中比较典型的变化是中大件商品、异形商品和生鲜商品比例上升，随着居民对食物品质的要求日益提高，网购优质生鲜商品的需求还会大幅度提高。社区快递柜根据这些变化来进行调整，格口大小和比例应与高校、写字楼有所区别，增加大格口比例，增加冷藏冷冻格口来适应社区网购的新变化。

2）依托社区生态圈，积极挖掘新的赢利点。快递柜经过 5 年的市场培育，依旧严重亏损。除了发力逆向物流之外，还应开发更多的广告和增值业务。利用快递柜的主屏界面，针对社区消费群体，可为宠物店、口腔门诊、美容美发、电影院等社区周边店铺投放广告并发放相关优惠券。另外，还可以开发快递柜的金融、门诊、家政、洗衣等增值业务，为居民提供更多的便利。

（4）WT 维度提升策略。社区“最后一公里”的瓶颈仅依靠单一的快递柜方式是无法解决的，其他代收模式看上去是智能快递柜的竞争对手，实际上是协作对象，只有各种模式共享协作，才有可能解决社区末端配送的难题。

1）改变快递柜的属性，为社区生态圈服务。快递柜应该改变自身的收费属性，通过政府及邮政体系的介入协调，把快递柜作为一个不以盈利为目的的基础便民服务，作为社区生活必备的基础配套设施，共享给所有社区的参与主体使用。比如，可将快递柜转为临时储物柜，社区居民在 App 上预约洗衣服务后，将脏衣服放入智能快递柜中，社区洗衣店将干洗过的衣服再放回智能快递柜，等居民自取。

2）与其他末端配送模式合作共创全新社区生态圈。社区末端配送的窘境，任何一种单一模式都无法完全解决。末端重复建设造成了资源浪费、效率低下，共享协同是出路。随着北京整治开墙打洞行动如火如荼地进行，取缔了大量社区无证无照的经营商户。与此同时，北京市发改委计划每年安排约 2 亿元市政府固定资产投资用于补助商业便民服务设施项目，以引导、带动更多的企业投资商业便民服务设施的建设运营。从 2017 年起，连续安排 3 年，共计 6 亿[①]。未来几年，北京社区零售将迎来精细化变化，社区末端配送方式注定要随着社区零售模式的升级而迎来新的变化，社区智能快递柜、代收模式以及上门服务 3 种模式的结合将成为解决社区末端配送难题的组合拳。

根据有效预测，2020 年全年快递量将达到 700 亿件，目前，快递入柜率只有 2%～4%，而根据“十三五”规划，到 2020 年，这个比例要达到 10%，市场潜力巨大。智能快递柜行业确实有数百亿的规模，若经过多方努力，智能快递柜能成长为社区生态圈的有效构成要素，连接更多新的社区商业模式，那么其市场价值将会成倍增长。

---

① http://www.jiemian.com/article/1350801.html

第六章　社区生鲜电商与冷链末端配送

第一节　冷链物流

一、冷链物流的概念

冷链物流是指为了保持农产品（鲜活或冷冻）的品质或其他产品（医药等）的效用，在其流通加工、储存、运输、销售等环节，货物始终保持一定温度的所有过程，包括冷库、冷藏冷冻车、保温箱、干冰袋、冷藏陈列柜等设施。本书主要研究狭义的冷链物流，主要指肉禽、水产、蔬菜、水果等生鲜产品在产品加工、储存、运输、零售等环节始终处在低温控制环境下，最大程度保证产品品质、减少损耗、防止污染的供应链系统。

我国冷链物流已经形成了较为成熟的产业链。其中产业链上游为制造环节，包括冷冻装置的制造和冷冻技术支持等；中游环节主要为冷链物流的运输及仓储环节，主要包括运输环节、仓储环节和其他环节三个方面；下游环节为冷链物流的应用领域，主要包括农产品冷链物流、药品冷链物流及化工冷链物流三个方面。2017 年，在冷链物流市场中，农产品冷链物流占比超过一半，达到 51.1%；医药冷链物流占比其次，为 17.0%[①]。

十九大报告指出，我国社会主要矛盾已经转化为人民日益增长的美好生活需要和不平衡不充分的发展之间的矛盾，百姓开始追求更高品质的生活，这其中就包括如何吃得安全、吃得放心，向“食不厌精、脍不厌细”的需求升级，追求更精致、更健康的饮食。在这样的大背景下，各种生鲜电商层出不穷，近年，网购生鲜商品的消费者数量正在以几何级别数量增长，促进了冷链物流市场的繁荣发展，社区居民网购生鲜商品的占比大大提高，生鲜商品的末端配送占比也相应提高，因此，针对社区冷链末端配送的研究是非常必要的。

二、冷链物流的特征

1. 冷链物流成本居高不下

生鲜产品对于物流全环节要求较高，既要保持食品的新鲜度，又要极高的时

---

① http://www.chinawuliu.com.cn/zixun/201906/27/341630.shtml

效性，还要配套的运输和仓储设备，这就直接导致冷链物流成本要高于普通物流。而冷链物流基础设施的投资金额高、周期长、回报率低，这也是冷链成本一直居高不下的原因所在。随着生鲜电商的发展，订单日益显现出多样化和碎片化，很多消费者已经习惯每 2～3 天一次，甚至每天一次在各种生鲜电商 App 上下单，不过，目前生鲜电商正处于迅猛发展初期，群雄纷纷跃跃欲试进入深水区，还未有大型垄断行业出现，短期内难以形成冷链配送的规模化效应。另外，生鲜电商之间需要差异化战略，就必须追求产品的品质，与工业产业不同，生鲜产品的源头采购区域多而分散，产品易受天气等外界环境变化影响，产品大小不一、产量不稳定现象频现，成熟期不稳定，生鲜采购环节较为复杂，耗时耗力，损耗率高，这些因素都导致了生鲜冷链的采购、流通、物流环节的高成本。

2. 冷链物流的实质是“恒温”

冷链物流资金投入大，对技术要求高，冷链物流的核心不是“冷”，而是“恒温”，即不同商品对冷链物流的温度要求不同，需要有所区分。以生鲜商品为例，加工程度不同导致了不同的保存温度，初级生鲜商品、冷冻冷藏生鲜商品，比如水果蔬菜的最佳温度是 0～10℃；猪肉的最佳温度是–18～15℃；牛肉、羊肉的最佳温度是–12～–9℃；冻鱼的最佳温度是–18～–10℃；鲜奶的最佳温度是 4～10℃等。如何针对不同的商品采取不同的温度，是冷链物流的核心所在。因此，冷链物流的实质是，在加工、储存和运输的整个物流过程中，货物的每个环节都要始终保持一定温度。

3. 全程冷链“断链”严重

我国冷链物流“断链”现象严重，包括冷库、冷藏车、保温箱等设施设备，物流不同环节的衔接点极易出现“断链”现象，比如仓储和运输的衔接环节、商品搬运环节以及末端配送环节等，这些断链问题依旧制约着产业的发展和居民的消费体验。网购的冷冻制品，由于物流过程中的常温运输状态，到家后已经完全解冻，居民将商品放入冰箱后再继续冷冻。冷冻和解冻两种状态的转换，可能在生产－销售－消费者的整个物流全环节中反复数次，食物在这种外界温度反复变化的状态下到达消费者手里，食物即使不腐烂，也会出现不新鲜的状况，严重影响食物的品质和口感，并可能出现食品安全问题。

除加强超市、市场等终端冷链产品保存外，一定要有严格的技术标准和规范指导冷链行业的运输和保存，使冷链食品实现全程冷链，真正做到冷链产品从田间地头、工厂到消费者的无缝对接，杜绝食品安全事故的发生。

4. 冷链物流标准化进展艰难

物流行业本质上是服务型行业，主要是为第一、第二产业服务的行业，除了医药物流，冷链物流主要为农产品服务。农产品有极强的天然属性，生长环境不一，生长周期不一，大小不一，保质期不一，储存温度不一。与工业企业相比，较难实现标准化、规模化生产。另外，长期以来，农产品种植户规模小，分布散，很难与工业企业一样，购置自营的仓储和配送设备。由于农业企业本身缺乏标准，导致为农产品服务的冷链物流企业也很难制定出统一的标准。

标准化范围难以界定，即使同一产地的相同农产品，产品都有极强的差异性，不同产地的农产品更是如此。由于缺乏统一的标准，也大大影响了冷链行业的服务质量。冷链物流行业标准制定艰难，标准如果制定过高，会大大提高冷链物流的成本，受限于高成本和技术门槛，很多冷链企业的正常运营会受到影响。物流基础设施不完善，标准化的实行缺乏依托。美国、德国、日本等国家在物流基础设施建设上较为成熟，标准化体系较为完善。而我国整个物流行业都是以“小、散、乱”为主要特征，不仅是冷链，整个物流行业的标准化都是一个难题。冰冻三尺非一日之寒，冷链物流行业标准化的建设，一方面需要国家层面的引导，另一方面也需要物流行业的协同互助。

5. 冷链基础设施建设存在不足

据统计，2018 年中国冷链物流市场规模达到 3035 亿元人民币，比上年增长 485 亿元人民币，同比增幅 19%。同时，2018 年中国冷链物流需求总量达到 1.8 亿吨，比上年增长 3300 万吨，同比增长 22.1%。从市场规模和需求量来看，中国冷链物流市场依旧处于“高速增长、供不应求”的局面[①]。相比我国冷链市场需求的突飞猛进，我国冷链基础设施建设却明显落后，冷链仓库的增长速度也落后于物流需求的增长速度，两者的速度应该匹配，否则两者的缺口就会日趋加大。根据中物联冷链委的统计，2018 年，我国冷库容量为 1.3 亿立方米，位居世界第三，但是城市居民人均冷库容量仅 0.156 平方米/人，远远低于发达国家 0.5 平方米/人的水平。我国的冷库地区发展不均衡，根据中冷联盟的统计，2019 年全国冷库容量为 4600 万吨，其中山东、上海、广东发展速度较快，冷库容量居前列，西南地区发展较慢，冷库分布不均衡状况较为明显，当然这与冷链投入成本高脱不开干系。我国冷链物流产业还处于发展期，在冷链应用率和人均冷库容量上远远低于发达国家。相比冷链物流市场需求，物流供给市场相对不足，我国的冷链基础设施建设面临发展机遇。

三、冷链物流的发展前景

1. 冷链物流市场规模潜力巨大

城市中产收入阶层扩大，消费升级，在“互联网+”、科技创新的同时作用下，

---

① http://www.chinawuliu.com.cn/information/201906/05/341130.shtml

居民的生活方式发生了很大的变化，对于生鲜商品的消费场所不再局限于菜市场、超市，消费场景开始多渠道化，越来越多的消费者喜欢通过互联网平台购买生鲜产品。比如，京东商城、淘宝、天猫、苏宁等大型综合电商平台；本来生活、中粮我买网、沱沱工社等垂直电商平台；每日优鲜、叮咚买菜等纯线上模式；盒马鲜生、超级物种、7fresh 等线上线下融合模式。除了各类型的电商平台，还有社区营销、朋友圈、直播等渠道，基本可以实现随时随地购买，预约到家等送货模式。这些层出不穷的新模式，促进了国内冷链市场的快速发展。

近几年，中国生鲜行业狂飙突进式地增长，2013 年生鲜电商的交易额为 127 亿元，2014 年就翻倍增长到 275 亿元，2016 年交易额更是达到 871 亿元，同比增长 75.28%。相对于发达国家而言，我国冷链物流行业发展空间还很大。在政策支持、下游产业订单增长等因素的共同推动下，我国冷链物流行业将会继续保持每年 13%以上的速度增长，中商产业研究院预测，2020 年生鲜电商交易规模将近 4700 亿元[①]。具体年度市场规模预测如图 6-1 所示。

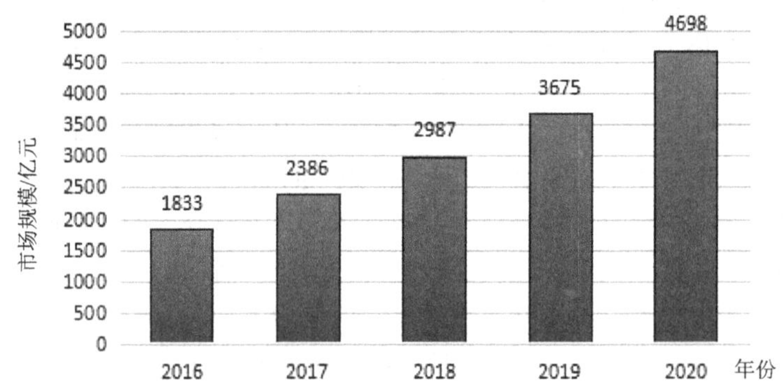

图 6-1 中国冷链物流市场规模预测（来源：中商产业研究院）

2. 政策扶持力度大，冷链物流占比将逐渐提升

随着冷链商品市场需求的急剧扩张，冷链物流“高烧不退”，成为国家重点扶持领域，政策红利不间断。2010 年，《农产品冷链物流发展规划》（发改经贸〔2010〕1304 号）正式发布，冷链物流首次被提升到国家高度，此后，“农产品冷链物流”连续七年被列入中央一号文件。2017 年更是我国物流与供应链发展的政策年，《关于加快发展冷链物流保障食品安全促进消费升级的意见》（国办发〔2017〕29 号）、《关于积极推进供应链创新与应用的指导意见》（国办发〔2017〕84 号）等政策相继出台，冷链物流作为关系食品安全与民生保障的重要抓手被重点提及，

① http://www.chinawuliu.com.cn/zixun/201807/11/332761.shtml

冷链物流正处于加快发展的历史机遇期。

2018 年 4 月，商务部、工业和信息化部、中国物流与采购联合会等 8 个部门联合下发通知，开展供应链创新与应用试点工作。主要目的是通过城市试点和企业试点，在若干关系国计民生、消费升级和战略新兴的重点产业，推动形成创新引领、协同发展、产融结合、供需匹配、优质高效、绿色低碳、全球布局的产业供应链体系。商务部市场建设司相关负责人表示，推动农产品冷链流通标准化是内贸流通体制改革和《物流标准化中长期发展规划（2015－2020 年）》（国标委服务联〔2015〕54 号）的重要内容，也是推动农业供给侧结构性改革和农业现代化的重要举措[①]。在各项政策的密集出台和推动下，我国冷链物流产业蓬勃发展，冷链物流行业市场规模整体增速快于物流行业市场规模增速，冷链物流总额在整个物流总额中的占比将会逐渐提高，冷链物流产业的价值和地位越发凸显。

3. 各大电商巨头和快递企业纷纷发力冷链物流

2018 年我国居民恩格尔系数为 28.4%，比 2017 年下降 0.9 个百分点，说明在居民总收入不断提升的同时，百姓人均可支配收入在不断增长。随着消费升级步伐加快，零售模式和零售环境的升级，社区居民对商品品质的要求不断提高，消费方式已由实物消费更多地转向了体验消费和服务消费，这一切都显示居民消费结构在升级，消费观念在转变。社区生鲜电商快速增长，各商业业态竞争凸显，提供给社区居民丰富的选择。近年，消费者的生鲜订单也已经呈现出小批量、高频次的消费特点，订单碎片化趋势明显，消费者上午在叮咚买菜 App 购买一袋水果，下午在盒马鲜生 App 购买一盒蔬菜，这种趋势将日趋明显。为了满足消费升级的新趋势，让消费者买得放心、吃得放心，各大电商巨头依靠科技进步积极进行有益探索。

京东在冷链物流上频频发力，布局逐渐加快，京东物流在全国建立了 10 多个生鲜冷库，覆盖深冷、冷冻、冷藏和控温四个温层，实现了零下 30℃至常温层的全温层覆盖，以满足不同生鲜品类的个性化存储需求。生鲜冷链配送已覆盖 300 个城市，仓库日均订单处理能力可以达到 100 万件，通过仓配一体化的全程冷链物流服务，使商品快进快出高效流通，不断打造行业内“快”和“准”的双重标准，再次提升京东物流品牌的核心竞争力。比如，吉林省的查干湖鱼受限于冷链运输条件和销售渠道，长期以来只能供应吉林省内和周边省市。2018 年 12 月，京东打造了电商入仓、分销、产地直发等全场景、全流程的生鲜商品运输方案，实现了查干湖鱼最快 24 小时送至全国 300 个城市。

冷链物流的建设上，苏宁也不甘落后，2018 年，继 2 月铺开 8 个冷链仓，覆

① http://www.chinawuliu.com.cn/zixun/201807/11/332761.shtml

盖北京、上海、广州、南京、武汉、成都、沈阳、西安及周边城市之后，2018年5月，杭州、重庆、深圳、济南、武汉、合肥、福州7个冷链仓也全面建成并投入使用，这15个仓库将覆盖150个城市。到2018年6月底，苏宁继续新增徐州、天津两大冷链仓，这样一来，苏宁物流全国冷链仓将达到17座，真正做到用户餐桌上各类生鲜的新鲜速达①。

顺丰作为快递企业的领头羊，冷链建设的脚步从未停歇过。顺丰通过全流程的冷链，新的仓储、运输模式，新型技术的支持，产品源头的统一管控与管理等多环节的集中发力，多年以来助力阳澄湖大闸蟹辐射全国，24小时内就可以送到香港市民的餐桌上。再比如，顺丰与烟台樱桃的渊源也颇深，2019年5月，顺丰采用了最新的保鲜制冷技术，顺丰的一线工作人员手把手指导地头的樱桃采摘者，第一时间通过最新的制冷技术将樱桃放入专用储存箱。在干线运输的环节，动用了多驾波音757、波音767全货机保驾护航，“互联网+樱桃”电商已连接中国的大部分城市，全国近80%的城市在24小时内能收到烟台的大樱桃，形成了“果农—电商—快递—空运—客户”鲜果快运成熟的“互联网+运输”链，真正实现了从地头到餐桌，消费者可以第一时间尝鲜，到达用户手里的樱桃品质和口感逐年提升，这都受益于物流企业主动进行的硬件方面和软件方面的供给侧改革。

4. 中小型物流企业可开拓市场细分领域

物流本质上是复合型服务业，包含了很多从事不同领域的物流企业，比如采购物流、生产物流、商业物流和回收物流；比如大宗物流、零担物流和快递物流；比如普通物流和冷链物流。每一个物流分支都还可以再进行细分，以冷链物流行业为例，可以分为医药物流、化工物流和生鲜物流，尤其是生鲜商品还可以再细分为诸多品类，每个品类都有最佳的储存运输温度，每种品类还应有相配套的包装技术、储存技术、保鲜技术、温控技术在各个物流环节中保驾护航。

例如，相比蔬菜水果、冻肉制品，水产品物流操作难度更大，广东某水产公司自主研发的低温暂养、活鱼包装、纯氧配送等专利技术，采用逐级降温和智能温控技术，可以保证在全物流环节中让活鱼处于半冬眠状态，从鱼塘到市场全程无需换水，做到全程封闭温控管理，实现“南鱼北运”产业化发展。在不添加任何药物的情况下，确保鱼类从广东到北京存活率达99%以上，让消费者吃上真正放心新鲜的活鱼。

再比如，相比苹果、梨等常见水果，荔枝、山竹等水果物流操作难度大，广州某果菜保鲜公司依托全程农产品冷链流通技术，荔枝采收后立即包装，送恒温车间进行降温及保鲜处理，令果内温度降至5℃，随后称重装箱继续放置在冷库降温后装

---

① http://www.chinawuliu.com.cn/zixun/201807/11/332761.shtml

运冷柜，并通过全程监控保证货柜运输全程保持在0～2℃，直到抵达目的地开柜。

“民以食为天，食以安为先，安以质为本，质以诚为根”，近年来，伴随着我国经济的快速发展，人民生活水平也在不断提升，食品市场空前繁荣，食品安全问题也随之而来。2019年5月，中共中央、国务院推出四个“最严”部署食品安全，具体包括“建立最严谨的标准、实施最严格的监管、实行最严厉的处罚、坚持最严肃的问责”，这些细化政策的推出和实施将为人民群众的身体健康和生命安全保驾护航，推动食品产业高质量发展，可见我国将冷链物流的发展提到了前所未有的高度。因此，未来冷链物流行业必然会进一步精细化发展，这些细化的冷链物流领域市场潜力巨大，商家只要本着“以质为本，以诚为根”的经营理念，消费者为了舌尖上的美食，会非常愿意为合理的物流费用支付合理的价格。

5. 冷链物流的统一标准正在逐步完善

长期以来，冷链物流企业单打独斗，行业不成规模，技术欠缺，行业缺乏领头羊企业。尤其是在标准化方面，一直以来缺乏行业标准，标准的不统一导致了冷链整体效率的低下。相关部门陆续出台一系列政策推进标准化的建设，但标准化建设是一个庞大的系统工程，必须全盘多方面考量。冷链物流行业是为第一、二产业服务的，这些上游产业本身标准化建设不足，农产品具有强烈的天然属性，较难实现标准化、规模化生产，标准化范围也难以界定。冷链物流企业的仓储设备、运输车辆等所有配套工具的改造，都需要根据上游的产品来进行调整，所以标准化成为了最大的问题。

针对冷链物流过程中损耗率较高的问题，早在2014年底，国家发改委、财政部、交通运输部等十部委联合发布《关于进一步促进冷链运输物流企业健康发展的指导意见》（发改经贸〔2014〕2933号），提出引导冷链运输物流企业整合资源，降低成本，提升物流效率。2016年的中央一号文件明确提出，要完善跨区域农产品冷链物流体系，开展冷链标准化示范，实施特色农产品产区预冷工程。2017年4月，国务院办公厅发布《关于加快发展冷链物流保障食品安全促进消费升级的意见》（国办发〔2017〕29号），推动物流业供给侧结构性改革，加快促进冷链物流健康规范发展。

第二节　社区生鲜电商介绍

一、生鲜电商介绍

1. 界定生鲜产品

生鲜产品属于农业范畴，农业包括农、林、牧、渔业的所有相关活动及产品，本研究中的生鲜产品仅指蔬菜、水果、奶制品、禽蛋、肉类、水产品等，供居民日常消费需求的生鲜农产品。

2. 界定生鲜电商

生鲜电商是指用电子商务的手段在互联网上直接销售生鲜产品。近年，生鲜电商井喷式发展，伴随着新技术和移动支付，产生了各种类型的生鲜电商。生鲜电商细分种类很多，此处只介绍主要的两种。

（1）综合类生鲜电商平台。阿里、京东等超级电商纷纷发力抢滩生鲜电商，将生鲜业务作为核心业务之一，以自营、投资、并购等多种经营模式全面发力，打造综合生鲜电商平台。阿里的天猫喵鲜生搭建平台进行全球优质资源的共享，深耕全球农产品原产地，旨在打造进口生鲜的全产业链。这几年，喵鲜生遭遇了发展的痛点，缺乏自建物流系统，原料采购、干线运输和终端配送都需要借助第三方物流公司，平台无法对全物流过程进行全面把控，导致客户拿到的生鲜商品品质严重下降，用户体验极差，造成消费者大量流失。再比如，作为京东旗下的生鲜品牌，京东生鲜依托传统的 B2C 业务平台，坚持自营或与优质第三方合作的方式进行商品采购，京东生鲜业务范围覆盖海鲜水产、水果、蔬菜、肉禽蛋、速冻等品类，SKU（Stock Keeping Unit，库存量单位）多达 10 万余个，借助京东强大的自营物流系统，大大提升了消费者的用户体验。

（2）垂直类生鲜电商平台。垂直类电商平台是指在某一个行业或细分市场深化运营的电子商务模式。比如本来生活等垂直电商平台、沱沱工社等农场直销平台等类型，此类生鲜电商平台的优点在于专注和专业，具备精准的差异化定位，为消费者提供独特的品牌附加值。垂直类生鲜电商平台能够提供更加符合特点人群的消费产品，满足某一领域用户的特定习惯，因此能够更容易取得用户信任，从而改善用户对产品的印象和促进口碑传播，形成独特的品牌价值。比如，本来生活与褚橙的合作，2012 年，是两者合作的第一年，通过本来生活网的精心策划，将褚橙推向全国，被奉为“励志橙”，年年大卖，两者的合作实现了双赢和互相成就，成为了“传统农业+互联网电商”模式的成功典范。再比如，沱沱工社始创于 2008 年，以有机农业为切入点，采取自营种植和养殖，打造从地头到消费者的全程安全管理体系，建成“有机、天然、高品质”食品销售的垂直生鲜电商平台。在新零售生鲜电商不断涌现的当下，沱沱工社也生存艰难，转型升级寻求新的利润增长点。

3. 生鲜电商的发展趋势

2014 年前后，生鲜电商行业异常红火，各种创业公司集中爆发，涌入的尝鲜者数量是前一年的两倍，资本也蜂拥而至，亚马逊投资美味七七，京东投资天天果园，阿里投资易果，顺丰上线生鲜电商顺丰优选。但好景没有持续多久，绝大部分生鲜电商都是在高补贴、高投入、高亏损的基础上发展的，不足两年后的 2016

年，多数曾红极一时的生鲜电商项目不再有资本注入，纷纷迎来倒闭潮和裁员潮，比如，美味七七倒闭，沱沱工社放弃扩张深耕有机市场。旧的一轮结束，新的一轮又会重新开始，生鲜电商被普遍认为是电商领域的最后一片蓝海，2017 年后，阿里形成了“天猫生鲜平台+易果生鲜+安鲜达+盒马鲜生”为主的复合生鲜电商体系，而京东除了以自营生鲜为中心，也推出了京东到家等资源整合型生鲜电商平台，正在向更多方向发展。

近年来，新科技革命改变了生产方式和生活方式，零售行业发生巨大变革，各种“新零售”概念风起云涌，生鲜行业不断迭代重构，出局者与入局者轮番登场。生鲜电商发展迅猛，自 2012 年起，中国生鲜市场每年保持 50%以上的增长率，2017 年交易规模约为 1391.3 亿元，同比增长 59.7%，预计未来几年还将持续快速发展[①]，具体如图 6-2 所示。

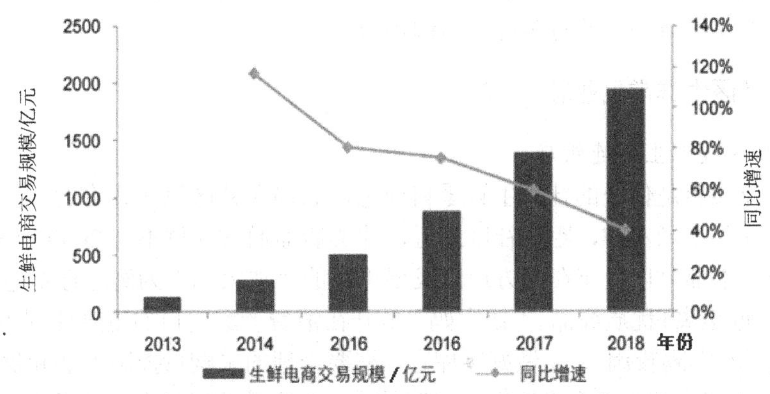

图 6-2　中国生鲜电商交易规模增长趋势（数据来源：中国产业信息网）

（1）生鲜电商行业进入后成长期阶段。生鲜电商市场每年以 50%以上的增长速度迅猛发展，近年，行业迎来洗牌期，在不少生鲜电商企业倒闭的同时，电商巨头纷纷入局，阿里的盒马鲜生、京东的 7fresh、永辉的超级物种等都在近年加入生鲜新零售的行列，这些电商巨头拥有自身完善的冷链物流体系或者可以搭建完善的冷链物流平台，也有实力不断投资冷链物流并进行生鲜供应链的投资，拥有全产业链资源和全渠道资源的企业将在生鲜电商竞争中凸显优势。除了阿里、京东等电商巨头外，腾讯也开始进入生鲜电商领域，腾讯不仅扶持京东，还投资了外卖企业，新零售行业也成了巨头们的战场，腾讯投资了超级物种，还投资了若干的超市和百货，众多的小商家也被迫站队，这些强势企业的加入将提升此行

① http://www.chyxx.com/industry/201808/666953.html

业的竞争程度，加快生鲜电商行业走向成熟的步伐。

（2）“超市+餐饮+到家”等创新模式不断涌现。生鲜电商的供应链布局越来越深，离消费者越来越近，线上线下融合更加紧密，是生鲜电商未来发展的主要趋势。比如，盒马的门店分为两个区，即前店的消费区和后仓的仓配区，消费区推出“零售+餐厅”的体验模式，即消费者购买海鲜之后可以选择在门店内的餐厅加工然后当场现吃，这种体验方式吸引了不少乐意尝鲜的消费者。除了线下推出全新的营销模式外，生鲜电商还追求极致的送货时间，不论是纯线上的每日优鲜，还是线上线下全融合的盒马鲜生，都为消费者提供最快 1 小时以内的送货到家服务，分钟级的配送速度带来的便利性赢得了大批消费者的青睐，是懒人经济盛行的当下年轻消费者非常看重的一类服务，是改变了大家消费和生活习惯一类服务，特别是在生活节奏快的一线城市，这种模式还会继续生根发芽，但发展道路肯定不会一帆风顺，中间的波折不会少，但只有在持续不断的实践中继续进步，才能不断满足人民日益增长的对美好生活的需求。

二、社区生鲜常见业态

1. 社区线下生鲜连锁店

生鲜连锁店是传统的社区生鲜零售业态，布局在社区里面或附近，营业面积通常为 150 平方米左右，距离社区最近，此类店面通常提供不到 2000 个 SKU 的商品种类。本部分以近年在南方地区发展迅猛的“钱大妈”为例进行阐述。

（1）近距离+优质商品。“钱大妈”是开在消费者家门口的生鲜便利店，开店的宗旨是“不卖隔夜肉”，要做好零库存，需要合理的采购量控制方法和供应链的把控技术。“钱大妈”结合当地区域消费特点，在商品的选择上不追求大而全，做小而精，做社区百姓一日三餐的“大冰箱”。“钱大妈”以以广东为核心的华南市场为主要阵地，在对市场和消费者进行精准分析的基础上，尽量精简商品 SKU，目前门店的 SKU 不超过 1000 个，鱼、肉、蔬菜等品类尽量丰富，食材都选择高频消费的基础款，基本能满足消费者的日常所需，还可以实现商品的高效流转。

（2）采取定点打折清货方式。“钱大妈”成立之初，就提出“不卖隔夜肉”的核心营销理念，实施“定时打折”的清货方案，真正把新鲜落到实处。每晚 7 点开始打 9 折，每隔半小时打一折，时间越晚，折扣越大，等到晚上 11 点半，全场未卖出的商品全部进行免费派送。这项措施保证了“钱大妈”每天出售的都是新鲜食材，广东人对食材的新鲜度要求极高，当地人习惯每天买菜当天用完，这也与广东地区消费人群的消费习惯和生活习惯相契合。追求商品品质和新鲜度的消费者可以当天上午过来买菜，上班族可以下午过来，到了晚上社区的一些大妈会过来捡便宜，这样确保门店每天都能做到“零库存”。

2. 纯线上电商模式

纯线上电商的客户主要依靠线上 App 下单，比如每日优鲜、叮咚买菜等，是典型的 B2C 电商模式的移动电商，消费者通过 App 下单，通过自营配送或者众包配送送货到家。本部分以叮咚买菜为例进行阐述。

（1）优化供应链，提高运营效率。叮咚买菜上线于 2017 年 5 月，是一款自营生鲜平台及提供配送服务的生活服务类 App。主要提供的产品有蔬菜、豆制品、水果、肉禽蛋、水产海鲜、米面粮油、休闲食品等，平台不设定起送门槛，没有配送费，下单后最快 29 分钟送达。随着用户量和业务规模不断扩大，叮咚买菜正在逐步走向原产地，目前，叮咚买菜与 200 多家合作社，3000 余名农户、养殖户合作，进行源头直采。通过原产地直接采购，减少了中间商的各种中转环节，最大限度减少损耗，保持新鲜，并且降低了成本。

（2）采用前置仓模式，为客户即时配送。生鲜电商前置仓的代表企业有叮咚买菜、朴朴超市、每日优鲜、美团买菜、盒马小站、永辉卫星仓等，它们在社区设立仓库，主营生鲜超市商品，在社区仓库备货，消费者用 App 下单，在 30～60 分钟内送货到消费者家中。叮咚买菜的目标客户群定位在社区客户，由于叮咚买菜设立了“0 元起送”的规则，用户群体会充分利用此项规则，非常容易造成大量低价订单和高频次订单的出现，大大增加企业的运营成本。回归到最简单的成本核算，每单毛利扣除配送和补贴后能否盈利值得怀疑，对目前还在依靠不断融资维持运营的叮咚买菜而言，此方式无疑会吸引大量客流，但是否具备发展的可持续性，并在生鲜市场中有所突破，就非常值得商榷了。

3. 大型综合超市

很多社区周边有大型综合超市，比如永辉超市、物美超市、家乐福超市等，这类业态的生鲜 SKU 数量大于社区生鲜便利店和每日优鲜、叮咚买菜等同类的小而精线上生鲜电商。近年，大型综合超市的生鲜产品销售的品类和占地面积都有日益扩大的趋势，本部分以永辉超市为例进行阐述。

（1）持续不断改造生鲜供应链。永辉超市的生鲜商品种类丰富、新鲜度高、价格合理，这是很多社区消费者的切身感受，很多消费者为了购买心仪的生鲜商品而专门光顾永辉。永辉超市的全国化采购和区域化采购体系已经建立得较为完善，在供应链上游阶段，通过原产地直采，与上游特色农业基地深入合作，比如通过股权绑定等方式，与众多农户共担风险、共享收益，培育较为稳固的战略联盟合作伙伴；在供应链中游阶段，通过自建物流冷链网络，把握物流主动权，重视精细化管理，加强运输全过程的监控，采用先进的保鲜储存技术，降低仓储、运输途中的生鲜商品损耗比率；在供应链下游阶段，利用大数据多关注商品销量的动态变化，提高精准预测能力和补货能力，推出更多适合区域消费者的单品。

在全产业链采购体系中，除了与等三方积极联动，还在每个环节中引入了合伙人管理制度，保证员工具备持续不断的工作积极性，全身心认真工作，实现多方共赢。总之，永辉通过持续不断的供应链改造，打造自身较为完善的生鲜采购体系，提升了供应链前端规模的密集度，最大化地提高了采购效率，并将采购成本尽量降到最低，打造单品直采的规模经济和效应，推出生鲜爆款商品，为线下门店起到大量引入客流的作用。

（2）周边社区居民复购率高。大型商超一旦选址开业，营业年限就会较长，不会像小超市倒闭率较高。大超市容易和周边社区居民形成高度黏性，尤其是不经常网购的老人，会带来较高的复购率。近年，永辉也推出了永辉生活 App，可提供超市周边 3 千米范围内的配送服务，不过，App 上提供的商品数量比超市里要少很多。

4. 线上+线下模式

此类业态既有线下店面，也有线上 App，且线上线下使用的库存完全一致。消费者可到店购买，也可以在 App 下单，提供 1 小时内的快速配送到家服务，成为改变社区居民生活习惯和消费习惯的更有效率的零售业态。本部分以盒马鲜生为例进行阐述。

（1）打造线上线下全面融合。盒马鲜生以数据和技术为驱动，致力于打造社区一站式零售体验中心，通过大数据、物联网等技术，与粉丝群的需求实现较好地融合，带给社区居民真正的“鲜美生活”。盒马鲜生店面平均 4000～6000 平方米，为了实现线上线下无缝衔接，将线下门店分为前端消费区和后端仓配区，门店承载购物、餐饮、物流、消费者体验等功能，满足消费者的多样化需求。盒马线下门店坚持使用支付宝支付方式，这种结算方式能够打通淘宝、天猫等阿里全生态体系用户数据，形成更为精准的、立体化的消费者画像，可以进一步准确地挖掘消费者的偏好，通过 App 进行个性化推送，实现精准营销，为消费者提供全新的品质生活和体验。比如，消费者店内购买海鲜，可以选择打包回家，也可以支付少量加工费在店内食用。

（2）3 千米内 30 分钟配送。盒马鲜生设置店面周边 3 千米范围为免费配送区域，而且是无门槛的免费配送，盒马鲜生以 30 分钟为一个送货时间段，消费者可根据自己的时间，选择适合自己的送货时间。盒马鲜生以数据驱动为核心，以电子标签、悬挂链和分拣员手中的 RF 枪组成了一套数据流转系统，消费者在 App 下单后，系统会分配给不同区域进行分拣，然后通过悬挂链送往后仓，后仓将分拣的货物打包后交给配送员，由配送员送到消费者家里，悬挂链的使用大大提升了分拣效率。除了 30 分钟内配送，盒马鲜生还提供了次日达、预售商品预约时间达等多样化配送方式。盒马鲜生将即时配送范围严格控制在门店半径的 3 千米内，该距离覆盖家庭数量多，可以达到规模化经济配送，另外，由于配送时间短，无需专业冷链运输，只需要配置冰袋等简单保温装置便能保证生鲜商品的正常配送时间，且能将客户满意度和配送成本二者实现最佳平衡。

第三节　社区末端冷链研究

一、末端冷链配送常见模式分析

冷链物流泛指产品在生产、贮藏运输、销售，到消费前的各个环节始终处于规定的温度区间，以保证质量、减少过程损耗的一项系统工程。末端冷链配送特指冷链物流的“最后一公里”，是离消费者最近的一个环节。

2019 年初，云格数据发布《2018 年中国移动互联网全行业回顾报告》，此报告显示，自 2016 年起，生鲜电商便保持着超过 40%的超高增长率，截至 2018 年，其市场规模已增至 2000 亿元[①]，预计未来几年还将持续快速发展。生鲜电商的快速发展创新了一系列末端冷链配送模式。本部分选择三种常见模式进行分析。

1. 三种常见模式分析

（1）即时冷链配送模式。即时配送主要利用前置仓模式，前置仓是指将仓库设在社区、写字楼、高校等最终消费者群的周边，通常采取“城市配送中心+前置仓+消费者”模式。前置仓包括明仓和暗仓两种形式，明仓即“前置仓+门店”的结合方式，典型代表如多点、盒马鲜生等；暗仓即仓库形式，典型代表企业为每日优鲜、叮咚买菜等。消费者在相应 App 上下单后，通过系统流转和发出指令，在前置仓内快速完成拣货、传送、包装、出货等全流程后交给配送员，具体流程如图 6-3 所示。

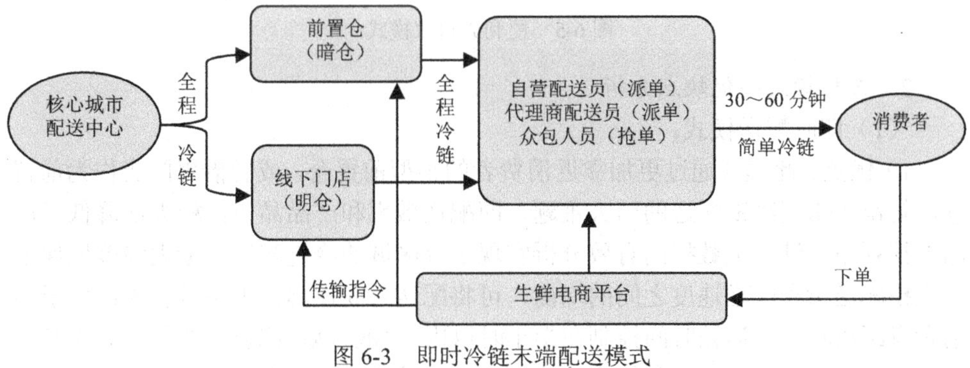

图 6-3　即时冷链末端配送模式

① https://baijiahao.baidu.com/s?id=1624161605371618886&wfr=spider&for=pc

（2）传统冷链配送模式。此模式包括城市大仓与快递合作模式以及自营物流模式，与快递合作模式具体为“城市配送中心+合作配送站点+消费者”模式。自营物流模式为“城市配送中心+分拨中心+配送站点+消费者”模式，根据客户密度设立配送站点，缩小配送半径，更好地为客户提供服务，比如沱沱工社等。具体流程如图 6-4 所示。

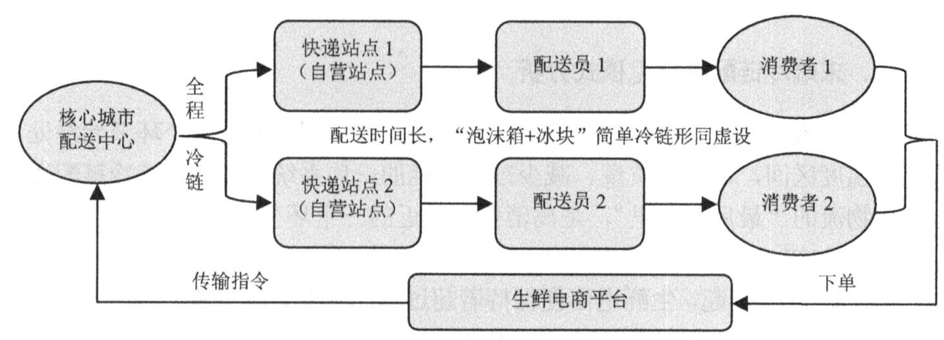

图 6-4　传统冷链末端配送模式

（3）便利店自取模式。该模式包括直营开店或者合作其他店铺两种形式，店内配置冷藏冷冻设备，客户下单后，可在方便的时间自行取货，比如京东便利店、苏宁小店等。具体流程如图 6-5 所示。

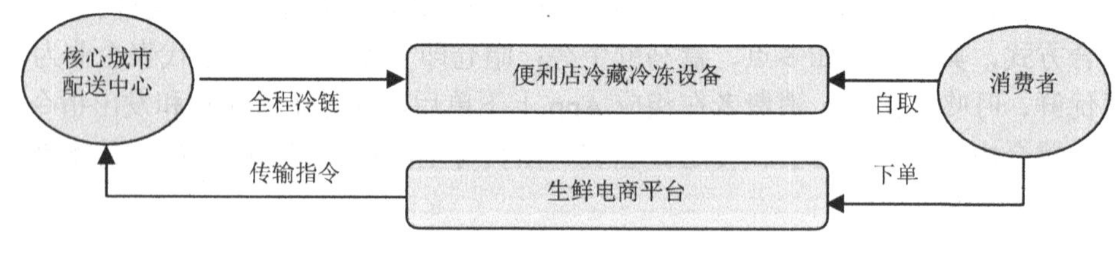

图 6-5　便利店自取模式

2. 三种模式的优缺点分析

（1）即时配送模式。

1）优点。此模式通过更加靠近消费者的小型前置仓，或者借用门店作为前置仓，解决了末端冷链配送的两大难题，即配送效率和产品品质，极大地降低了产品的损耗率。针对大数据的有效分析实现了分区域的冷链配送，最大限度地保证了规模配送量和配送速度之间的均衡，可将配送时间控制在半小时以内；由于离消费者距离较近，运输时间控制在半小时以内，“泡沫箱+冰袋”的保温装置基本可以保证生鲜商品的产品新鲜度，这两大难题的解决，极大地提升了用户的购物体验。

2）缺点。此模式运营成本较高，前期建仓成本高，由于仓库较小，补货成本高，需要大量的配送员不间断运作，效率低，成本高；另外，前置仓若与门店相结合，SKU 数量不会太低。如果没有门店做支撑，单独的前置仓容量较小，若 SKU 数量大，分拣难度会加大，就需要更多的工作人员。前置仓暗仓选址离消费者很近，通常位于城市的繁华地区，租用过大的仓库成本会过高，因此暗仓通常面积不大，不适合 SKU 超过 1000 个的综合生鲜电商平台，若某些消费者的购物需求无法得到满足，会有一定的客户流失率。

（2）传统配送模式。

1）优点。此模式与快递站点合作，配送数量大，单位配送成本低。另外，此模式通常可以保证次日送货，SKU 品类超过万个，可以提供更加丰富、优质的生鲜品类。

2）缺点。无法保证全程冷链，商品到达站点后，站点没有配套的冷藏冷冻设备，快递员还需要与其他产品混合配送，仅仅靠“泡沫箱+冰袋”的保温装置无法保证长时间的温控，尤其是夏天的高温天气，商品到 C 端后，比如，肉类基本全部解冻，无法保证商品的品质。另外，快递员没有意识要优先配送此类商品，依旧按照自己的路线规划配送，一般快递员无法兼顾普通商品和冷链商品混合配送。

（3）便利店自取模式。

1）优点。此模式适合居民社区使用，适合没有时间等待配送或者非常看重隐私的消费者使用，店面若位于末端配送区域的核心位置，将会为店面带来更大的流量，带来便利店、电商和消费者多赢的局面。

2）缺点。此模式存在店面租金和人员管理成本高的问题，另外，合作便利店模式并不牢固，可能出现全程冷链断链现象，导致商品品质出现问题。

二、调研问卷数据分析

通过问卷星，本研究针对生鲜电商网购人群进行了小范围的问卷调研，调研内容包括年龄、职业、单次订单金额、周做饭频率、能接受的最长配送时间、生鲜商品配送的重要性以及最需要改进的地方 7 项内容。本调研旨在探讨年龄、职业等对生鲜商品末端配送的不同看法和需求，继而根据消费者的不同需求搭建与之相配套的末端配送体系。

此次调研共取得有效问卷 268 份，按年龄来统计，其中 20—35 岁的 160 份，占比 59.7%；36—50 岁的 100 份，占比 37.31%；50—60 岁的 8 份，占比 2.99%。按职业来统计，学生 66 人，占比 24.63%；上班族 174 人，占比 64.92%；自由职业者 18 人，占比 6.72%；全职太太 6 人，占比 2.24%，自由职业者 4 人，占比 1.49%。

1. 调研数据整体分析

（1）生鲜电商单次订单金额数据见表 6-1。

表 6-1 生鲜电商单次订单金额数据

单次购买金额选项/元	选择人数/人	占比
0～50	112	41.79%
51～100	82	30.6%
101～200	54	20.15%
200 以上	20	7.46%

（2）周做饭次数的数据见表 6-2。

表 6-2 周做饭次数数据

周做饭次数	选择人数/人	占比
0～2 次	114	42.54%
3～5 次	88	32.84%
6～10 次	42	15.67%
10 次以上	24	8.96%

（3）网上购买生鲜商品后，能接受最长配送时间的数据见表 6-3。

表 6-3 能接受最长配送时间的数据

时间选项	选择人数/人	占比
1 小时内	32	11.94%
1～2 小时	60	22.39%
当日	92	34.33%
次日	68	25.37%
第三日	16	5.97%
更长	0	0%

（4）对于生鲜商品配送因素的重要性排序的数据见表 6-4。

表 6-4 生鲜商品配送因素的重要性数据

选项	平均综合得分
商品品质	6.6
配送速度	5.36
商品的新鲜程度	5.2

续表

选项	平均综合得分
全程冷链	3.84
配送费用	2.87
售后服务	2.6
快递的服务水平	1.4
结算方式	0.51

由于此调研题目为排序题，使用以下公式自动计算得出，它反映了选项的综合排名情况。计算公式为

$$选项平均综合得分=\frac{\sum 频数\times 权值}{本题填写人次}$$

备注：频次由选项被选择的次数决定，比如排在第一的次数、排在第二的次数，以此类推；权值由选项被排列的位置决定，例如本题有 5 个选项参与排序，排在第一位置的权值为 5，第二位置的权值为 4，以此类推。

（5）对于生鲜配送，你认为最需要改进的方面，此题为多选题见表 6-5。

表 6-5　生鲜配送最需要改进方面的数据

选项	选择人数/人	占比/%
全程冷链	184	68.66
配送速度	182	67.91
配送安全性	142	52.99
物流信息追踪	98	36.57
逆向回收物流	68	25.37
配送人员服务水平	62	23.13

2. 调研数据交叉分析

本节主要将生鲜电商消费者分为两类，第一类是以“个体”为购买单位的消费者，第二类是以“家庭”为购买单位的消费者。第一类选取高校学生与 20—35 岁的上班族为研究对象，第二类选取 36—50 岁的上班族与全职家庭主妇为研究对象，分析这两类人群的消费特点以及对末端冷链配送的看法。

（1）第一类人群的消费特点分析。

1）高校学生的消费特点分析。选取高校学生的数据进行分类和交叉分析，此项调研中，学生样本人数为 66 人，全部为在校高校学生，数据分析如表 6-6。

表 6-6 高校学生的调研数据分析

单次订购金额/元	0～50	51～100	101～200	200 以上		
	46（69.70%）	8（12.12%）	6（9.09%）	6（9.09%）		
能接受的最长送货时间	1 小时内	1～2 小时	当日	次日	第三日	
	10（15.15%）	16（24.24%）	26（39.39%）	8（12.12%）	6（9.09%）	
最需要改进的方面	全程冷链	配送速度	配送安全性	物流信息追踪	逆向回收物流	配送人员服务水平
	40（60.61%）	50（75.76%）	36（54.55%）	28（42.42%）	18（27.27%）	14（21.21%）
生鲜商品配送的重要性	商品品质	配送速度	商品的新鲜程度	全程冷链	配送费用	售后服务
	6.42	5.79	5.30	2.94	2.52	2.21

以上数据显示，高校学生单次订单金额较小，70%在 0～50 元之间，平时消费集中在水果、饮料、冰淇淋，一般为即食产品，会在短时间内消耗完毕，高校学生要求较快的配送速度，80%的学生要求最晚送货时间为当天，39.5%要求 2 小时以内送货。

2）20－35 岁上班族的消费特点分析。此处的消费是指以“个体”为购买单位的生鲜电商网购，对数据进行分类和交叉分析，本调研中 20－35 岁的上班族样本为 88 人，数据分析见表 6-7。

表 6-7 20－35 岁上班族的调研数据分析

单次订购金额/元	0～50	51～100	101～200	200 以上		
	48（54.55%）	32（36.36%）	2（2.27%）	6（6.82%）		
周做饭次数/次	0～2	3～5	6～10	10 以上		
	58（65.91%）	22（25.00%）	4（4.55%）	4（4.55%）		
能接受的最长送货时间	1 小时内	1～2 小时	当日	次日	第三日	
	16（18.18%）	30（34.09%）	22（25.00%）	14（15.91%）	6（6.82%）	
最需要改进的方面	全程冷链	配送速度	配送安全性	物流信息追踪	逆向回收物流	配送人员服务水平
	54（61.36%）	60（68.18%）	42（47.73%）	38（43.18%）	30（34.09%）	14（21.21%）
生鲜商品配送的重要性	商品品质	配送速度	商品的新鲜程度	全程冷链	配送费用	售后服务
	6.09	5	4.89	3.18	2.61	2.52

以上数据显示，20－35 岁上班族单次订单金额依旧不大，90%在 0～100 元之间，近 55%在 50 元以下，与高校学生一样，消费也主要集中在水果、蔬菜及冰淇淋，比如水果切盘，一般为即食产品，会在短时间内消耗完毕。要求配送时间短，78%的上班族要求最晚送货时间为当天，52%的上班族要求 2 小时以内送货，此比例甚至高于高校学生。

（2）第二类人群消费特点分析。

1）35－50 岁上班族的消费特点分析。此订单是以家庭整体消费为目的的生鲜电商网购，特指调研样本里 36－50 岁上班族的数据分析，对数据进行交叉分析，本调研中 36－50 岁的上班族样本为 80 人见表 6-8。

表 6-8　36－50 岁上班族的调研数据分析

单次订购金额/元	0～50	51～100	101～200	200 以上		
	14（17.50%）	34（42.50%）	28（35.00%）	4（5.00%）		
周做饭次数/次	0～2	3～5	6～10	10 以上		
	10（12.50%）	42（52.50%）	20（25.00%）	8（10.00%）		
能接受的最长送货时间	1 小时内	1～2 小时	当日	次日	第三日	
	4（5.00%）	10（12.50%）	34（42.50%）	30（37.50%）	2（2.50%）	
最需要改进的方面	全程冷链	配送速度	配送安全性	物流信息追踪	逆向回收物流	配送人员服务水平
	62（77.50%）	46（57.505%）	42（52.50%）	22（27.50%）	18（22.50%）	12（15.00%）
生鲜商品配送的重要性	商品品质	配送速度	商品的新鲜程度	全程冷链	配送费用	售后服务
	7.4	5.65	5.38	5.15	3.03	2.43

从以上数据可以看出，与第一类人群比较，第二类人群的单次订单金额、周做饭次数以及能接受的最长送货时间这三项指标都明显提高，83%的订单金额在 50 元以上，40%的订单金额在 100 元以上，80%的上班族以上可以接受 2 小时以上的送货时间，37.5%的上班族可以接受次日送货。为了满足日常家庭生活需求，网购订单商品种类更加丰富多样，水果、蔬菜、奶制品、肉类等涵盖了所有的生鲜商品种类，这些商品不会被及时消耗掉，会在冰箱临时储存以供使用。

2）全职家庭主妇的消费特点分析。本调研中全职家庭主妇样本为 6 人，样本人数虽然过少，但收集上来的数据也具备一定的代表性见表 6-9。

表 6-9　全职家庭主妇的调研数据分析

单次订购金额/元	0～50	51～100	101～200	200 以上		
	0（0.00%）	0（0.00%）	4（66.67%）	2（33.33%）		
周做饭次数/次	0～2	3～5	6～10	10 以上		
	0（0.00%）	0（0.00%）	4（66.67%）	2（33.33%）		
能接受的最长送货时间	1 小时内	1～2 小时	当日	次日	第三日	
	0（0.00%）	0（0.00%）	0（0.00%）	6（100.00%）	0（0.00%）	
最需要改进的方面	全程冷链	配送速度	配送安全性	物流信息追踪	逆向回收物流	配送人员服务水平
	6（100.00%）	6（100.00%）	4（66.67%）	0（0.00%）	2（33.33%）	0（0.00%）

续表

生鲜商品配送的重要性	商品品质	配送速度	商品的新鲜程度	全程冷链	配送费用	快递的服务水平
	7.0	6.33	6.33	4.67	4	2.67

以上数据显示，全职家庭主妇100%的订单金额在100元以上，100%的周做饭次数在6次以上，100%全职家庭主妇可以接受的最长送货时间为次日送货，这些数据完全符合大众对这类人群的认知。

（3）两类人群的消费特点对比分析。根据以上数据，将以上两类人群的消费特点以及对末端冷链的看法总结为表6-10，以进行直观对比。

表6-10　两类人群的消费特点对比分析

人群划分	第一类人群	第二类人群
消费目的	以“个人”为消费单位	以“家庭”为消费单位
单次订购金额	较低	较高
做饭频次	做饭次数较少	做饭次数较多，一日三餐有一定的规划
购买种类	主要为水果、冷饮等即食类商品	购买种类丰富，涵盖水果、蔬菜、海鲜、奶制品、肉类等所有生鲜品类
对配送速度的要求	多数接受两小时以内的配送时间	多数接受两小时以上的当天送货和次日送货
对商品品质的要求	排在第一位	排在第一位，但指标数据高于第一类
对商品新鲜程度的要求	排在第三位	排在第三位，但指标数据高于第一类
对全程冷链的重视度	较低，高校学生对全程冷链的重视度最低	较高，全职家庭主妇对全程冷链的重视度最高

三、基于KANO模型构建末端冷链配送模式

1. KANO模型介绍①

KANO模型是东京理工大学教授Noriaki Kano发明的对用户需求分类和优先排序的有用工具，以分析用户需求对用户满意度的影响为基础，体现了产品性能和用户满意度之间的非线性关系。KANO模型定义了三个层次的顾客需求：基本型需求、期望型需求和兴奋型需求。

（1）基本型需求。顾客认为产品“必须有”的属性或功能。当其特性不充足时，顾客很不满意；当其特性充足时，对客户满意度没有多少影响，顾客充

① 来自于百度百科，并自行整理

其量是满意。

（2）期望型需求。要求提供的产品或服务比较优秀，但并不是“必须”的产品属性，有些期望型需求连顾客都不太清楚，但是他们希望得到的。

（3）兴奋型需求。提供给顾客一些完全出乎意料的产品属性，使顾客产生惊喜。客户在看到这些功能之前并不知道自己需要它们。

2. 基于KANO模型分析消费者需求

（1）建立KANO模型需求曲线。对于生鲜商品配送的重要性，第一类和第二类消费人群均认为排在前三位的是商品品质、配送速度和商品的新鲜程度；对于最需要改进的方面，第一类认为前三位为配送速度、全程冷链和配送安全性，第二类认为前三位为全程冷链、配送速度和配送安全性，可见第二类更看重全程冷链。依据以上调研分析，总结出两类人群对末端配送的基本需求、期望需求和兴奋需求，如图6-6所示。

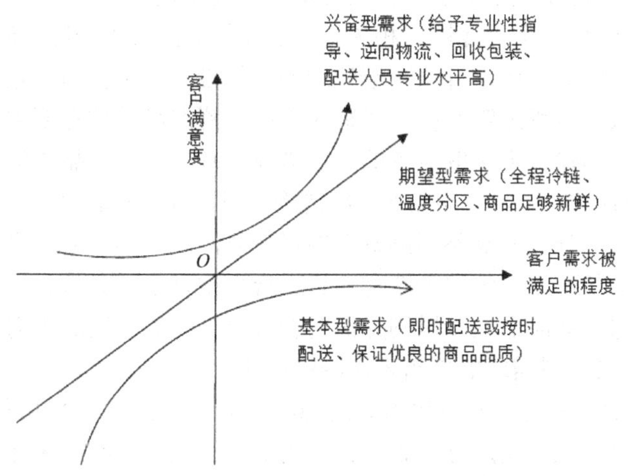

图6-6 基于KANO模型的末端配送需求

（2）解读KANO模型需求曲线。

1）基本型需求。针对第一类人群，要求2小时以内，甚至更短时间的配送速度；针对第二类人群除了即时配送，可以接受2小时以上的当天派送，甚至次日配送。两者都希望平台保证优良的商品品质，这是保持顾客黏性的重要因素。

2）期望型需求。全程冷链是消费者的共同诉求，如何保证商品到客户端还能保持该类商品应有的温控，启用更先进的末端冷链保温工具设备，以保证商品的品质。

3）兴奋型需求。电商平台如果可以提供给客户一些意外惊喜，将进一步提高客户对平台的好感，比如，半成品鱼类的干净程度、调料的配比及做法，牛油果上标注先吃和后吃的标识，以及提升配送人员的服务水平，都是平台更具专业性的表现。

3. 基于KANO模型构建末端冷链配送模式

（1）构建满足基本型需求的复合末端冷链模式。

1）完善末端冷链的复合配送体系。各类生鲜电商除已有的传统冷链配送体系外，亟需建立完善同城即时配送体系，以适应懒人经济和城市生活快节奏的需求，可设置前置仓暗仓，并与达达、饿了么等众包平台合作，若只有传统配送体系，受新零售的全方位冲击，将逐渐失去此市场的竞争力。

2）借助共同化配送提升运营效率。生鲜消费空间巨大，具备较强的即时消费属性，在某些居住密度高的大型社区，可设立共同配送站，配备冷藏冷冻设施，统一协调为所负责区域配送货物，以较低成本，提高效率和服务质量。

（2）构建满足期望型需求的供应链全程冷链模式。

1）技术升级保证全程冷链。相关企业需要加大配置“冷冻+冷藏”的混合配送车辆，建立不同温控区，升级末端配送的工具设备，可在泡沫箱中进行温度分区，加强温控系统全程追踪监控，以适应不同生鲜产品的储存要求，最大化地保证产品的品质。运输途中采取避震的防护措施，减少生鲜产品的损伤等。

2）全过程管控，提升商品品质。冷链物流对温控要求较高，物流全过程中常会出现断链现象，导致产品不新鲜甚至腐烂变质，产品损耗率较高。因此，应从供应链角度考虑从产出到消费的全程要素，合理配置全链条资源，通过技术实施全过程监控，保证商品品质，以满足消费者日益提高的生活品质需求。

（3）满足兴奋型需求的创新末端冷链模式。

1）提供人性化服务和专业化指导。配送产品的同时，可以提供更专业的指导，比如，按照水果的成熟度进行标识，提醒消费者先吃和后吃的顺序，以保证良好的口感；可以通过产品上的电子标签追溯原产地，查询商品产出、物流全过程，保证食品安全；某些生鲜电商提供的无理由退换货，也让消费者购物无后顾之忧。

2）提供末端逆向回收物流服务。通过技术促进包装升级，开发绿色可循环使用包装，另外，开发更多的逆向回收物流的低碳做法，比如共享快递盒等，逆行物流操作不易，尤其需要快递员具备较高的职业素养和操守。

冷链物流市场前景广阔，潜力巨大，生鲜电商离不开冷链物流的支持，冷链物流也离不开生鲜电商的发展，二者共生共存，互促互进，冷链物流还有很长的路要走。

第七章　社区新零售与即时配送

第一节　社区新零售

一、社区新零售界定

2016年10月13日，马云在云栖大会上正式提出“新零售”的概念，未来纯电子商务的模式将不复存在，而是线上线下与物流结合的“新零售”模式。阿里推出的“新零售”概念，也并不被大家广泛接受，随之而来的是，京东推出“无界零售”，腾讯推出“智慧零售”。

截至目前，新零售也并没有统一的概念。笔者认为，不论新的零售变革称谓如何，只是为了区别于传统零售的一种表述，零售的本质永远不会变，是对传统零售的不断提升和改进。概括起来就是应用了“互联网+”、大数据、云计算等最新的技术，融入了全新的营销理念，线上线下和物流全面融合，消费场景无处不在，是改变大家生活和消费习惯的更有效率的零售模式。

二、社区新零售的特征

社区商业空间上离消费者最近，具备天然的地理位置优势，与社区居民近距离接触的机会更多，2017年起，在新一轮的零售迭代中，社区是诸多商家的必争之地，尤其一线城市的社区是第一轮竞争的起源地，诸多有实力的企业都纷纷以城市社区为核心抢占线下店面，在大数据、移动支付、区块链的大背景下，进行供应链的改造和重构，并推出分钟级的极致配送，让消费者获得前所未有的良好体验。

1. *以数据为主要驱动力的零售模式*

（1）消费者全面数字化。全新的零售模式更强调以“人”为中心，借助大数据的分析方法，各路商家将更懂消费者，消费者已经不是单纯的人，而是数字化的消费者，消费者的日常活动、个人喜好、消费偏好、社交关系等都将以各种数据的形式呈现给商家，通过大数据，商家会对消费者有更全面的了解，商家根据数据的筛选和分析，为消费者精准定位，为消费者提供更满意的商品和服务。

（2）数据拉动供应链升级。零售模式升级不是简单的线上线下的组合，不是零售业态的简单升级，而是物理世界与数字世界无缝融合，线上线下不再对立，开始全面融合，是供应链的全面重构。在供应链重新整合的过程中，零售商开始扮演重要角色，占据主导地位，跨过层层分销商和批发商，直接与制造商联系。零售商掌握着消费者的大量数据，由研究消费者的需求开始，通过大数据进行精准的销售分析和预测，与制造商通力协作，创新研发新产品。在此全新的供应链中，制造商被零售商有效拉动，在大数据大行其道的当下，拥有数据的一方就拥有主动权，新零售商家在产业链中的话语权逐渐加大。

2. 消费场景无处不在的全渠道营销模式

随着移动支付和互联网技术的大力发展，新的零售模式下消费场景将变得无处不在，这也就是京东将新的零售迭代称为“无界零售”的理由。销售渠道日益多元化，线下实体店、服务中心、无人店面、体验中心等线下渠道；网站、商家App、微信、微博、直播等线上渠道，甚至还有电视购物、上门直销等其他渠道，总之，任何场景都可以完成商品买卖，技术创新带来的多种消费场景将给消费者带来全新的体验。比如，一些酒店也加入了这场商业变革，酒店开始搭建多种购物场景，将酒店大堂、客房等全场景转变为线下体验零售空间。消费者进入场景，即可全方位感受到“货”的价值，实现“所见即所购”。随着各个场所的互联网化、数据化、智慧化，场所不再受时间和空间的限制，与商家的接触无处不在，通过移动支付和互联网技术获得交易信息并完成商品交易，线上渠道与线下场景打通后，我们日常活动的任何一个场所都可以变成可支撑多种新消费体验与内容的业态场景。

3. 人、货、场的重构

无论是新零售还是传统零售，都离不开“人、货、场”这三个要素，只是在零售业不同的发展阶段，随着技术的不断发展和更替，零售业重视的点和采取的方法有所不同。长期以来，实体店和线上电商是站在对立面的，认为是线上电商抢了自己的生意，长期处于此消彼长的状态。近几年，电商的人口红利也在逐渐消失，电子商务的增长速度开始呈下降趋势，线下实体店开始逐渐复苏，在电商巨头和商超巨头的带动下，利用电商的线上优势和商超的线下优势，线上和线下开始全面融合，进行“人、货、场”的全面重构。下面简要阐述零售模式“人、货、场”发展的三个阶段。

（1）以“货”为中心的零售模式。较早的传统零售阶段，是以“货”为中心的，制造商只需要专注于研发和生产产品，商家就会趋之若鹜，通过有限的渠道将货物售出，这个阶段所售货物即使有瑕疵，也会有消费者买单，不需要制造商和商家绞尽脑汁去研究消费者、研究营销模式和渠道等，商品交易也可以顺利完成。

（2）以“场”为中心的零售模式。随着物质的极大丰富，同类商品竞争异常激烈，商家们开始追求以“场”为中心的零售模式，让自己的商品走进知名商场，占据商超的黄金位置，甚至不惜为了大型超市中位置绝佳的货架支付高价。商品的经营活动围绕“场”展开，精心设计场所的选址、布局等，通过场的用心经营，扩大商品在消费者心中的影响力，逐渐形成自己的商品品牌，让自己的商品供不应求。

（3）以“人”为中心的零售模式。到了大数据背景下的互联网新零售时代，“人”成了关键因素，各种数据的汇总和分析，对消费者需求的研究已无限接近每个人的内心。用户无时不刻都会被智能化推送所需要的信息，这是有效引入流量的前提。首先，商家通过有效的大数据分析，对消费者有了更深层次的认知，比如消费者是谁？社交关系网是什么？消费层次如何？有什么样的购买习惯？需要什么商品？什么时候需要？为消费者完成清晰、完整的目标人群画像。其次，供应商根据清晰的画像设计、生产商品，实现消费对生产的真正有效拉动。最后，在线下实体店、网页、App 等各种场景都可能会被有效推送，实现“人、货、场”的重构。

4. 从为消费者销售商品到服务消费者转变

传统销售重视商品的研发、生产、销售渠道和营销方式，在消费者买完商品后，消费过程就结束了。新零售是以消费者体验为中心的零售模式，从渠道为王发展到产品为王，越来越多的年轻消费者重视消费过程，包括体验购物环境、购物过程，还有分钟级配送的极致体验感，以及产品使用过程给消费者带来的喜悦感，都是消费升级后，商家应该重视的侧重点。比如，现在传统百货商场经过改造后，更像一个综合休闲娱乐中心，除了购物你还可以享受里面的美食，体验商场里的休闲娱乐活动，并不仅仅是单纯地购物。因此，新零售要想方设法地增加产品体验感，除了商品的质量，要提高商品的外观感、增加方便使用的设计等，通过一些额外的提示和功能，激发消费者使用过程中的愉悦感，满足客户内心的需求，让消费者自觉自愿地成为商家的长期稳定客户。

第二节　社区新零售比较研究

近年，社区新零售发展地如火如荼，本部分以盒马鲜生、每日优鲜、京东到家、多点四家典型社区新零售企业为例进行研究。

一、销售渠道比较研究

1. 盒马鲜生

盒马鲜生是阿里巴巴对线下超市完全重构的新零售业态，是超市、餐饮店、菜市场、仓储等的结合。从 2017 年第一家店开业至今，一举一动都备受业界关注，盒马鲜生借助阿里的强大财力迅速扩张，每家店面约在 4000～6000 平方米，截至目前，盒马鲜生的门店已超 120 家，北京、上海、广州、深圳、成都、杭州武汉等一、二线城市占比最高，更多的二线城市也在密集铺设中。盒马鲜生采取线上 App 和线下开店相互融合的方式，最初淘宝还有盒马鲜生的入口，在盒马鲜生逐渐被消费者所熟悉后，淘宝的入口就被取消了，消费者可以在 App 上下单，也可以去家附近的线下店体验商品并现场尝鲜。盒马鲜生 App 可以将门店客户引到线上消费，更多消费者直接在 App 上下单，线上的销售额占比远远高于线下门店，消费者获得了很好的消费体验后，就会保持一定的客户黏性，形成持续频繁的购买习惯。

2. 每日优鲜

每日优鲜没有线下店，除了移动终端 App，还有微信小程序和微信公众号接入，为消费者下单提供方便，主要为消费者提供水果、蔬菜、乳品、零食、肉蛋、酒饮等全品类精选生鲜。每日优鲜 App 的整体结构清晰简洁，围绕商品陈列、下单购买、会员福利进行。每日优鲜是成立于 2014 年的生鲜电商平台，目前前置仓已经覆盖全国 20 个以上城市，通过原产地采购，直接连接生产者和消费者，重构供应链，布局微仓 1000 多个，为用户提供极致生鲜的线上消费体验和自营全品类精选生鲜 1 小时达服务。

3. 京东到家

京东到家是京东 2015 年重点打造的 O2O 生活服务平台，主要向消费者提供 2 小时内的生鲜及超市产品的配送。京东到家有自己单独的 App，京东 App 也有入口设置，都可供消费者使用。京东到家整合了各类线下商家资源，汇集超过 10 万门店，为社区消费者提供周边蔬菜、水果、药品、家居用品、烘焙、鲜花等商品，不止有社区周边的小商家，更有家乐福、京客隆、山姆会员店、永辉等零售巨头加入，可为消费者提供丰富的货物种类，满足消费者的各类需求。

4. 多点

多点 Dmall 是一款网上超市购物手机 App，除了 App 外，多点 Dmall 还有微信小程序和微信公众号都可以供消费者下单，多点 Dmall 成立于 2015 年 4 月，是一家数字零售解决方案服务商，为大型商超提供“双打”模式的赋能，一方面为超市搭建仓配售一体化的完整电商能力，另一方面为传统零售企业提供深入到零售全链条的数字化改造工作，帮助商超打好坚实的数字化地基。截至 2018 年 12 月，多点 Dmall 已与物美、新百、中百、麦德龙、夏商、嘉荣、美食林、人人乐等近 50 家“中国连锁零售百强企业”达成合作，覆盖近一万家线下门店和过百个城市[①]。

---

① http://www.dmall.com/aboutus.html

二、营销模式研究

1. 盒马鲜生

盒马鲜生作为阿里旗下的超级网红新零售业态，有了马云的亲自推荐，自诞生起就成为大家关注的焦点。盒马鲜生的营销手段多样，推出线上线下整合营销的组合拳。

（1）通过线下店的体验，实现线上店的引流。盒马鲜生线下店为创新型的“超市+餐饮+仓储”模式，店面内分为多个区，除了传统超市的货架陈列，有生鲜产品加工区和就餐区，还有非常吸引人眼球的靠近天花板的悬挂链，用于拣货袋的传输。消费者通过线下门店，对盒马鲜生商品的品质、新鲜度有了切身的体验，实现了有效的线上引流，搭配最快30分钟的极致配送，极大地提高了线上购物的便利性，从盒马鲜生取消了淘宝的入口来看，盒马鲜生App已经能够独立生存，不需要其他流量支持，而且实现了线上交易的高占比。

（2）无条件退货制度赢得客流。盒马鲜生的无条件退货解决了消费者购物的后顾之忧，对货物有任何的不满意，可以打客服电话提出退货或者在线客服提交退货申请，不需要任何举证，而且处理速度很快，退货的相应金额会立刻退到消费者的支付宝上。

（3）依靠产品的品质和新鲜度留住消费者。盒马鲜生的店面在选址之初，就背靠阿里大系统的数据支撑，为自己优选了具有一定消费能力和较注重生活品质的消费者，这些消费群体对商品的品质和新鲜度要求高，反之对价格的敏感度较低。盒马鲜生借助阿里强大的供应链资源，以及大数据、智能算法等，在全国甚至全球范围内采购优质商品，由于省去了烦琐的中间商环节，价格也比传统超市便宜。另外，盒马鲜生还推出了小包装“日日鲜”产品，保证不卖隔夜菜，获得消费者青睐，这些因素保证了消费者对盒马鲜生的长期黏性。

2. 每日优鲜

（1）会员制营销模式。每日优鲜全面实行会员制营销模式，会员享受商品会员价、5%现金返现、1小时极速达等专享服务，优化用户体验，通过一系列差异化服务增强用户黏性，有利于留存优质用户，反过来促进每日优鲜的服务再升级优化，从而提高会员的高频复购率，与用户建立长期稳定的消费关系。每日优鲜以用户为中心，依托全面会员制，通过精简商品SKU和前置仓模式的设置，在某些区域已经实现了盈利。一方面，全面会员制为每日优鲜积累了大批优质付费用户，形成了可观的会员收入。另一方面，稳定性较高、复购率较高的会员群体为每日优鲜平台提供稳定的营收来源，据统计，会员年均购物超60次，每次购买10个以上商品，贡献平台60%以上的收入。面对生鲜电商行业从未停止的倒闭潮，每日优鲜宣布在一线城市实现整体盈利。

（2）社交裂变式营销模式。每日优鲜背靠微信的社交入口，将微信的快速社交传播优势利用到极致。公司成立之初，推出大幅度满减优惠券，通过微信分享，短时间内聚集了巨大流量。利用微信小程序获得巨大的微信人口红利，获得新的引流。再比如，每日优鲜推出“砍价免费拿”活动，消费者通过微信邀请好友成功在24小时内将商品砍价至零元，就可以免费获得该商品。在此活动中，每位好友对于同一商品只能砍价一次，消费者需要通过微信群和微信好友多次转发，才能实现免费拿的目标。以一个20元的商品为例，包括消费者本人在内需要砍价12次才能砍到零元，在这一过程中，会有从未用过每日优鲜的好友因砍价免费获得商品，成为平台的新用户。每日优鲜借助微信平台，通过满减优惠券、邀请好友拆红包、砍价免费拿等五花八门的活动引流，在生鲜电商竞争如此激烈的状况下，实现了流量稳步增长的目标。

3. 京东到家

京东把这个阶段的零售变革称为“无界零售”，这也很符合京东到家的创建目标。2015年成立的京东到家最初定位为“本地生活平台”，依托超市以生鲜零售为主营业务方向，以蔬菜、水果、日用品等高频需求商品为切入点，一段时间内，还将家政、洗衣、按摩等店面整合进来，京东负责人曾表示“要把大街小巷所有商店里面的商品和服务，都视作京东到家的库存进行销售”，在京东流量的保驾护航下，京东到家的用户注册量很快就达到3000万，目前，月活跃用户超2000万。不过，没过多久，家政、洗衣等到家上门服务就被停掉了，说明在补贴热潮过去后，用户的消费习惯并没有被有效培养起来。

4. 多点

多点属于分布式电商，商品货源来自超市门店，保证与超市同货同价，又可享受两小时上门服务。相比盒马鲜生、每日优鲜的“创造新世界”，多点则是“改造旧世界”。比如多点与物美的合作，被称为“Dmall+”模式，物美具有丰富的线下零售经验，多点具备分析和应用大数据的优势，双方通过系统的打通，对商品、物流、仓储、技术、会员、营销等方面进行一体化的改造，将卖场隐藏的数据互联网化，并与电商数据对接整合，以这些数据为基础，从人、货、场三方面来对门店进行重构。截至2018年底，多点会员总数已超过5000万，月度活跃用户数为1000万。在易观、QuestMobile、极光大数据等第三方的近期数据报告中，多点App均名列生鲜快销领域榜首。

为缓解收银台排长队现象，多点陆续推出“多点自由购”“多点秒付”等付款方式，消费者可以一边选货，一边用手机自助扫描条形码，在选完心仪商品的同时，用手机自助支付即可，无需走收银台。多点还设置了多点自助收银设备，拿起你要买的商品对准自助收银设备的摄像头，扫描商品条形码，打开多点 App，扫码付款即完成，无需排队。这些举措推出后，消费者获得良好的购物体验，多点短时间内集聚了巨大流量。

三、盈利模式研究

1. 盒马鲜生

（1）借助高性价比商品引流。盒马鲜生的线下门店依靠帝王蟹等高性价比商品引流，线下门店多场景设计留住顾客，消费者可以在店里的餐饮区加工并现场尝鲜，尽量将消费者在店内的停留时间延长，购买其他高价格商品的可能性就更大，盒马鲜生线下门店的 SKU 近 5000 个，但海鲜水产 SKU 不足 130 个，占比仅 2.51%，通过头部产品引流，用种类丰富的高品质产品满足用户的消费全需求，比如很多年轻人在购买海鲜的同时，也会购买其他非生鲜类日用品。

（2）线上销售占比高。目前，盒马鲜生门店坪效约为 5.6 万，远高于传统生鲜超市，盒马鲜生 App 的 SKU 超过 10000 个，可以提供给消费者更为丰富的选择，通过阿里的公关活动，支付宝、微博等媒体资源的推广，专题活动运营、线上专享礼券、关联推荐等促销活动，为盒马鲜生线上引来丰富的客流，并且流量非常稳固，远高于生鲜电商的平均用户留存率，线上销售额远高于线下门店销售额，占比高达 70%以上，这是盒马鲜生部分门店能够盈利的重要原因。

2. 每日优鲜

（1）坚持全品类精简 SKU 的经营策略。通常情况下，大型生鲜电商的 SKU 保持在 3000～5000 左右，每日优鲜通过全球直接采买，保证商品品质，贯彻“全品类精选”策略，将 SKU 精简到 500～1000，这意味着，每一类生鲜商品下只有 5 种以下的产品提供，甚至某些绿叶菜品类只提供 1～2 种。每日优鲜通过供应链端“全品类精选”与消费端“前置仓 2 小时达”为消费者提供高品质生鲜即时配送服务，让用户在家也能享受便捷优质的全品类生鲜产品。

（2）为会员提供差异化服务。每日优鲜以用户为中心，全面依托会员制实现盈利。一是，每日优鲜通过微信的“分享砍价”“邀请”等诸多社交分享，短时间内聚集了大量会员，按照 3 个月 15 元会员费来计收，企业拥有客观的会员收入。二是，每日优鲜为会员提供了很多会员专享价的商品，并为会员提供 1 小时内送货上门服务，这些措施带来了大量高黏性、高复购率的会员客户，据不完全统计，每日优鲜会员每年平均购物 50 次以上，为每日优鲜贡献了稳定的收入来源。2017 年，大量生鲜电商纷纷倒闭之时，每日优鲜宣布部分一线城市实现盈利，这是难能可贵的。

3. 京东到家

京东到家自2015年上线以来，目前覆盖的城市较为广泛，合作的大型超市、便利店等数量已经超过10万家，京东到家的业务收入也有所增长，其中生鲜销售额超过50%，京东到家将继续与线下伙伴深度协同合作，持续通过技术手段提升全链路效率，优化和提升用户体验，充分满足消费者的即时购物需求。京东到家的扩张重点已转移至三四线城市，业务推广就很见成效，通过与本地知名商超的深入合作，京东到家推出“百城万店冰爽季”的夏日大促，覆盖近百座城市，平台销售额同比大幅增长，鲜奶、药品、饮料、蔬菜等成为京东到家在山东潍坊销量最高的品类，促销活动期间，合作的大型商超销售额都实现了不同幅度的增长。

4. 多点

多点与大型超市的深度合作通常从销售、库存、配送三个方面入手，以多点与物美的合作为例。

（1）SKU 品类优化，提高店面坪效。通过大数据分析，帮助门店进行品类优化，将购买率低的商品果断下架，调整 SKU 品类后，物美超市的 SKU 从 13000 个降到 11000 个左右，同时加大生鲜商品的占比，由原来的30%左右增加到50%左右，改造后的超市，和以前比较，调低了货架，超市更加宽敞明亮，商品一览无余，消费者可以快速到达自己想去的区域，更为重要的是，通过选品优化，大大提升了店内坪效。店内不销售的商品，被放进了多点的线上次日达业务中，反之，如果某个商品在线上销量不错，也会被引入线下，以此来保证商品的丰富度和灵活性。

（2）采用电子标签打通库存。店内商品全部采用电子价签，规格不一的电子价签作用巨大，将多点和物美的商品系统和库存系统完全打通，可以实施线上线下同品同价，库存的任何变化也实时更新，帮助门店及时补货、快速拣货。

（3）采用多种方式降低成本。多点推出自助结账和自由购服务后，年轻一些的消费者迅速尝试并形成使用习惯，除了一些年长者依旧在收银区域排队结账外，超市高峰期排队结账现象大为缓解，收银员需求减少了 30%，大大减少了人工成本。

四、仓储和配送模式研究

1. 盒马鲜生

（1）店仓即时配送和云仓次日达。盒马鲜生的前置仓模式采用“店仓合一”模式，即俗称的“明仓”，因为对目标客户消费水平有一定的要求，门店通常选在一、二线城市的核心商圈，商圈周边还会有多个社区，盒马鲜生店面通常在4000～

6000 平方米之间，后仓与超市经营面积比例大概设为 1:2，店内前置仓的货品可以满足消费者的日常购买需求。

（2）最快 30 分钟的即时配送模式。盒马鲜生通过店仓一体，提供最快 30 分钟的物流配送体验，接到订单到拣货结束不超过 10 分钟，为了维持正常的配送成本，使用自营配送员和众包配送员结合的模式，盒马鲜生的即时配送坚持服务 3 千米范围内人群，不盲目扩大即时配送区域，3 千米以外的订单保证 24 小时送达。除了店内前置仓，盒马还有 SKU 个数超万的云仓配置，为消费者提供次日达服务。

2. 每日优鲜

（1）“城市分选中心+社区配送中心”的仓储配送模式。每日优鲜采用“城市分选中心+社区配送中心”的仓储配送模式，在开展业务的城市设置一级仓储中转中心，在城市根据订单密度来设置二级社区的微仓，即俗称的“暗仓”，通过二级分布式仓储物流系统直达消费者。每日优鲜经过几年的发展，通过合伙人制度大规模布局微仓，20 多个城市的布局数量达到 1000 多个，这些基础设施的打造保证了每日优鲜配送服务的高准确率，为会员提供 1 小时内的配送服务，非会员提供 2 小时内的配送服务。

（2）微仓升级，经营品类升级。2019 年以来，每日优鲜开始打造 2.0 版微仓，与 1.0 版微仓相比，面积从 100 平方米左右增加到 300 平方米左右，并将仓库区域再进行细化，新增设咖啡区、鲜活区等以前没有的品类区域，为消费者提供更丰富的商品种类。前置仓模式前期成本较高，尤其是 2.0 版微仓的选址对周边区域的消费能力有较高的要求，只有订单金额和订单密度都达到一定的规模，通过配送的规模效应来平摊微仓经营和即时配送的高成本，企业才能实现可持续发展。

3. 京东到家

（1）与合作伙伴共同管理库存。京东到家与线下店的合作重点在仓储管理和配送，经过几年的合作实践，在订单处理、拣货、库存管理和配送等多个环节形成了较为成熟的管理体系，京东到家将这些管理经验复制到三四线城市，实现了较好的效果。京东到家直接使用了小商超的全部店面库存，与山姆、京客隆、永辉等大商超的合作，目前大商超没有提供所有商品，只提供了少部分商品供线上经营，如何在线上进行综合大商超的全品类经营，这也是京东到家下一步需要实践的重点。

（2）与众包配送达达合作进行即时配送。2016 年 4 月，京东到家与众包配送平台达达合作，完成“最后一公里”的配送，为全国各类城市的消费者提供丰富优质的即时零售服务，“1 小时购物”已不再是大城市的专有福利，正成为中小城市的主流消费选择。为了保障生鲜产品的配送效率及效果，达达配送平台为骑手配备了 58L 容量、XPS 保温板材质的配送箱，可同时配送多个冰品订单，运用简单的保温设备达到保证商品品质的目的，并且能将成本降到最低。

4. 多点

除了与店面共用库存外，对于高频购买的商品，在店内设置快速周转的前置仓，提高拣货效率。以店面为圆心，辐射周边 3 千米范围，多点提供的 2 小时内的配送到家服务为不能到店的消费者提供便利，提升了复购和转化率。多点采用自营的配送员，实现 2 小时内的即时配送服务。

五、社区新零售比较总结

1. 四家企业比较总结

通过以上针对四家企业的具体分析，特从渠道模式、营销模式、盈利模式、仓储管理模式四个方面进行了总结，见表 7-1。

表 7-1 四家企业比较总结

企业名称	渠道模式	营销模式	盈利模式	仓储管理模式
每日优鲜	线上 App 微信小程序 微信公众号	聚焦线上 社交裂变式营销 精选 SKU 高频复购	会员费 会员贡献 60%以上 实现区域性盈利	前置微仓 2 小时内送达
盒马鲜生	线上 App 线下门店	线上线下整合营销 线下门店体验	高性价比头部产品引流 其他中高档产品盈利 线上聚焦长尾客户	门店前置仓（最快 30 分钟送达） 云仓次日达
京东到家	线上 App 京东入口	整合社区周边商家 O2O 平台模式 传统商超流量入口 社交传播、优惠券	平台服务费	小商家：门店为前置仓 大型商仓：同店不同仓 打造大商超云仓
多点	多点 App 微信小程序 微信公众号	与大型商超的深度融合 腾讯赋能流量和支付优惠折扣 自由购 积分体系	合作管理费	与合作商超共用的周转前置仓模式

2. 四家企业的优缺点总结

根据以上的详细分析，笔者对四家企业经营模式的优缺点进行了总结，见表 7-2。

表 7-2 四家企业的优缺点总结

企业	优点	缺点
每日优鲜	社区微仓密集 选址要求不高 配送范围较广	微仓面积小 SKU 品类少 前期建设成本高 引客成本高
盒马鲜生	SKU 品类较多 商品品质较稳定 大数据分析更精准 无理由退货	分布范围窄 店面选址要求高 开店成本高 对消费水平有要求 中小城市推广难度大
京东到家	商品种类非常丰富 市场覆盖率大 构建门店时效快 引客成本较低 分布城市区域广 中小城市易推广 容易形成规模优势 配送范围广	协同性需要提升 缺货率较高 小商家商品品质不稳定 大型商仓线上品类少 与大商超的合作待深入 前期投入成本较低
多点	SKU 品类多 与门店共用库存 引客成本较低 分布城市区域广 中小城市易推广 复购率较高	老店改造 需要合作店面较高的配合度

第三节 即时配送介绍

一、即时配送的发展现状

1. 即时配送介绍

即时配送是点到点的直接送货，相比合、分、拣、配等环节不同组合构成的现代物流而言，即时配送是较为原始的物流形式，是无需经过仓储、中转、分拨等物流环节的，是直接从端到端实现即时送达的服务，其本质是及时性。

（1）配送范围。即时配送属于同城配送的范围，外卖、线下传统商超、新零售的线下店面通常以店面为核心提供 3 千米内的配送到家服务；“闪送”等同城快递企业可提供的配送范围更广泛，根据官网显示，提供 5 千米内、10 千米内、15 千米内的同城配送服务，为客户提供商务文件、蛋糕等品类丰富的紧急配送服务。

（2）配送时间。即时配送起源于同城配送，同城配送要求的时间不一，以较早从事此业务的公司闪送为例，根据闪送 App 中的“价格说明”，3 千米内，物品会在 45 分钟内送达；3～5 千米内 60 分钟送达；超过 5 千米每加 5 千米送达增加 30 分钟。即时配送最本质的特征就是，30 分钟到 2 小时内完成客户要求的即时送达服务。

（3）配送的货物种类。早期同城配送的货物主要是鲜花、蛋糕、药片、商务文件等类型货物，后期随着消费升级，新零售模式不断涌现，增加了生鲜货物、商超日用品等货物种类，配送的货物越加丰富，甚至冰品类货物都可以配送。

2. 即时配送的发展现状

（1）近年成长迅速。下班的路上在生鲜电商 App 下单蔬菜，半小时到家后即可以开始做饭；有商务文件需要急送，在闪送下单即可完成工作；在家不想做饭，下单点外卖即可。这些场景已经成为生活中再正常不过的日常片段，而这一切的便捷生活，都得益于即时配送行业的快速发展。即时配送作为物流业的一个细分领域，在零售模式迭代、消费升级的大背景下，近几年突飞猛进地发展，2019 年艾瑞咨询发布了《2019 年中国即时物流行业研究报告》，预测 2019 年即时物流订单量将达到 185 亿单，规模将突破 1312 亿元。

即时配送依托于同城配送产生，2011 年“人人快送”成立，2014 年达达、闪送、点我达成立，2015 年 UU 跑腿开始起家，2016 年资本开始关注即时配送领域；2017 年即时配送领域开始快速发展，2018 年 1 月全国首个共享配送联盟成立[①]。随着即时配送需求不断增多，即时配送的服务范围也在不断扩大，生鲜配送、外卖配送、商超配送和跑腿服务兴起，面对千亿级市场，美团、达达、饿了么等依托于外卖行业成长的传统即时配送行业，顺丰、中通等快递企业，京东、苏宁等巨头电商都加入了这个新兴物流市场，陆续推出自己的即时配送品牌，具体见表 7-3。

表 7-3 即时配送品牌成立明细

成立企业	即时配送品牌	成立日期	细分行业
阿里、饿了么	蜂鸟即配	2019-06-05	电商系+外卖系
美团	美团配送	2019-05-06	
京东、达达	闪电送	2018-04-09	

① http://www.chinawuliu.com.cn/zixun/201803/30/329849.shtml

续表

成立企业	即时配送品牌	成立日期	细分行业
苏宁	苏宁秒达	2018-10-22	
韵达	云递配	2018-03-20	快递系
顺丰	即刻送	2016-08 2018-07 开通个人业务	
闪送	闪送	2014-03	同城快递系
UU 跑腿	UU 跑腿	2016-04	
点我达	点我达	2015-06	

（2）即时配送的企业发展案例。饿了么全面融入阿里生态体系，创建了“蜂鸟配送”即时配送品牌，蜂鸟大数据和供应链系统全面升级，智能调度系统已覆盖全国很多个城市。蜂鸟融入阿里零售体系后，配送订单来源更加广泛和丰富，除了饿了么本身的订单，还有阿里旗下诸多商户的订单为业务提供支持，蜂鸟配送为天猫小店线上运营提供即时配送服务，为合作商家的社区极速送药服务保驾护航，2018 年 8 月，星巴克与阿里达成全方位深度战略合作，蜂鸟将为星巴克的即时配送提供坚强的后盾。

京东与达达的合作也是即时配送融入新零售的典型案例，2016 年起达达与京东到家合作，达达拥有队伍庞大的配送员队伍，为与京东到家合作的百万商家提供服务，订单的配送时效得到大幅度提升。另外，京东还借助达达的站点配置前置仓，将购买频率高的商品临时存储到离用户最近的地方，实现货物的最快速配送。

顺丰也在近年加码即时配送的布局，面向餐饮外卖、商超、生鲜、蛋糕、鲜花及类似行业，为店铺周边 3 或 5 千米内提供即时配送服务，比如近年发展极其迅速的瑞幸咖啡，顺丰是瑞幸咖啡的首批合作伙伴，成为瑞幸咖啡的外送供应商，瑞幸的线下店面空间有限，大量订单来自线上业务，通过顺丰的配合，瑞幸咖啡的平均配送时间是 16 分钟，客户满意度达到 99.7%。

虽然电商巨头、快递企业、同城配送企业都在大力发展即时配送业务，但此领域仍然属于群雄混战阶段，每个企业都是从自身的优势领域切入，随着生鲜、商超的不断加入，需要配送的商品日益丰富，不同的商品需要不同的配送装备和服务标准，即时配送的难度在逐渐增加，能解决这些难题的配送企业更容易在混战中占据领先地位。

二、即时配送的兴起原因

1. 天时

（1）“双 11”等购物节。阿里推出的“双 11”购物节的成交金额年年屡创新高，2018 年天猫“双 11”成交额达 2135 亿，每天面临 10 亿个包裹成为现实，京东 618 购物节的成交金额也是年年攀升。不论是阿里主导的“双 11”，还是京东主导的 618，经过多年的发展，都成为全网狂欢的日子，这些网购节期间，巨大的成交量带动了短时间的物流高峰需求，推动了前置仓模式的创新变革，电商、快递等企业层面和国家层面都在不断地努力，网购高峰期间的包裹派送每年都在逐渐趋好。

（2）零售模式变革。零售模式变革也是推动即时配送货物种类更丰富的重要原因。同城配送企业成立的头几年，配送的货物仅限商务文件、蛋糕等时效性较强的商品，2017 年伊始，各种全新的零售模式涌现，一、二线城市的消费者开始习惯手机下单生鲜商品、生活日用品等，30 分钟到 2 小时内等货物送到家。

（3）即时配送基础设施逐渐完善。现阶段即时配送的主要工具是电动自行车，即时配送的业务主要在一、二线城市，这些城市交通状况不佳，电动车是 3～5 千米范围内即时配送的最佳交通工具，电动车虽然是影响交通安全的重要因素之一，但目前没有更好的交通工具来取代。随着城市能源基础设施的发展，企业开始为配送团队提供电动车换电服务，解决配送骑手在日常配送过程中充电难、充电慢、需要更换电池等问题，另外，加强骑手的安全意识，纳入征信系统，在政策的不断完善下，在消费者、零售企业、配送员多方互信互谅的基础上，电动车在即时配送领域的应用将会逐渐走上正轨。

2. 地利

（1）外卖业发展。商流促进了物流的大力发展，快递业依托于电商业快速发展，即时配送依托于外卖业迅猛发展，一、二线城市外卖业的大力发展，大量餐饮订单产生了瞬间的即时配送需求，截至目前，餐配依旧是即时配送最高频、最稳定的订单来源，美团、饿了么等都是伴随着外卖业务的发展而发展起来的。近两年，生鲜电商、商超到家等业务量上升很快，蕴藏了较大的发展潜力。

（2）众包配送的发展。众包配送的大力发展也是即时配送迅猛发展的原因之一，众包配送主要基于调度平台的运营，拥有强大的订单调度系统，通过智能算法为骑手推送订单。众包模式可以极大地吸纳社会闲散运力，以建立灵活、全面、庞大的运力储备池。零售企业的即时配送与众包模式配合，可以增大配送范围，降低自营配送成本，可以成为零售企业快速成长的助推器。

（3）配送成本可控。截至目前，不论是盒马鲜生，还是每日优鲜，都在一、二线城市进行业务扩张，一、二线城市具备高密度的消费人群和较高的消费水平，能带来较为客观的订单数量，实现规模效应的即时配送，降低单位订单的配送成本，使配送成本可控，企业可以实现长期可持续发展。

3. 人和

（1）消费升级。随着消费者收入逐年提高，消费模式开始升级，消费者有了更多的消费渠道，拥有了更多的选择，可以更加便捷地去选择商品。消费升级是消费能力、消费心态的全面升级，消费者不再只追求商品本身的价值，而是更多地追求商品的附加价值，除了关注产品本身的功能和品质，还开始重视购买过程的愉悦感和使用过程的体验感，是否带来更多精神上的满足等。以消费升级群体中占比最高的90后为例，作为互联网的原住民，从小接触丰富资讯，视野开阔，拥有强烈的品牌意识，更重视产品所带来的感官享乐和精神愉悦，更在意商品的外观，更愿意为了兴趣和爱好买单，更注重购买体现自我个性的商品，而不是大众认同感。消费升级的主流人群非常愿意为即时配送的极致体验买单。

（2）懒人经济。“懒人”并不是指真正意义上的懒人，而是被赋予了更多褒义与时尚的概念，这是社会的进步，是社会分工越来越细化的表现，是生活变得越来越简单、越来越方便的表现。懒人经济能够创造市场商机，促进社会经济发展，科技的不断发展与懒人经济的结合，造成了电动牙刷、扫地机、炒菜机等商品持续热销，也造就了即时配送的持续大热。

（3）庞大的配送员队伍。即时配送行业本质上属于劳动密集型产业，虽然无人车、无人机等智能末端配送设备都在试验推广阶段，就目前的状况看，短时间内无法在即时配送需求最大的一、二线城市推广使用，配送员依旧是即时配送的主要构成要素。我国作为人口大国，适龄劳动人口呈现下降趋势，但人口的绝对数量依旧优势较大，此岗位入职门槛较低，收入相对较高，大量的农村年轻劳动力涌入此行业，作为即时配送领域的重要支撑。不过，需要政府与企业齐抓共管，加强入职培训，遵守交规，提高安全意识，完善配送员的考核制度，即时配送行业才能实现可持续发展。

三、即时配送系统的对比分析

零售模式的迭代发展要求供应链的快速响应，带动即时配送行业需求提升，即时配送在发展的过程中逐渐融入了新零售体系，不论线上店面，还是线下店面，即时配送已成为标配服务。以下继续针对盒马鲜生、每日优鲜、京东到家和多点的即时配送流程体系进行比较研究。

1. 四家企业的配送流程分析

（1）盒马鲜生。盒马鲜生为“前置仓+云仓”仓储模式，高频率、高复购商品存储在门店前置仓，为消费者提供最快 30 分钟的即时配送服务，云仓存储了更丰富的商品品类，为消费者提供次日达服务，对于高端预售产品，比如挪威三文鱼等产地直采的高端海鲜，提供了预约达的配送方式，丰富的产品配比、多样化的配送方式，满足消费者的多样化需求。配送流程具体如图 7-1 所示。

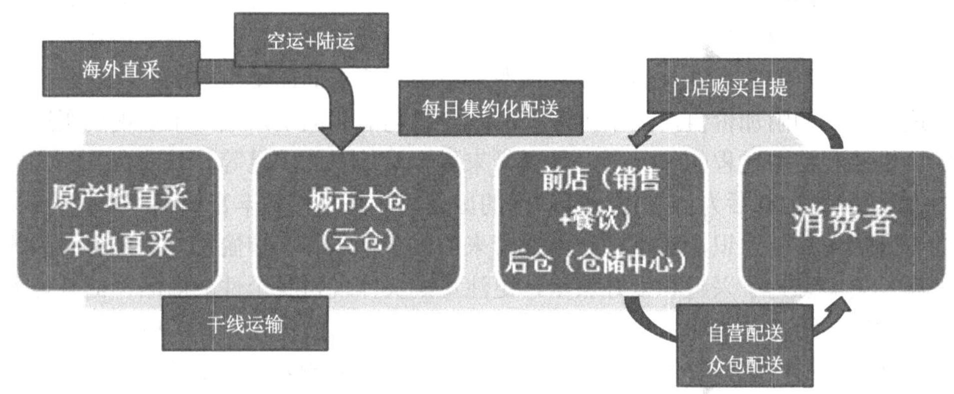

图 7-1　盒马鲜生的配送流程图

（2）每日优鲜。每日优鲜采用“城市分选中心+社区配送中心”的仓储配送模式，通过全球直采方式，原产地的货物通过干线运输运往城市分选中心，根据每个社区微仓的订单需求，城市分选中心每天凌晨统一配送到社区微仓，为当天的配送业务做好准备，具体如图 7-2 所示。

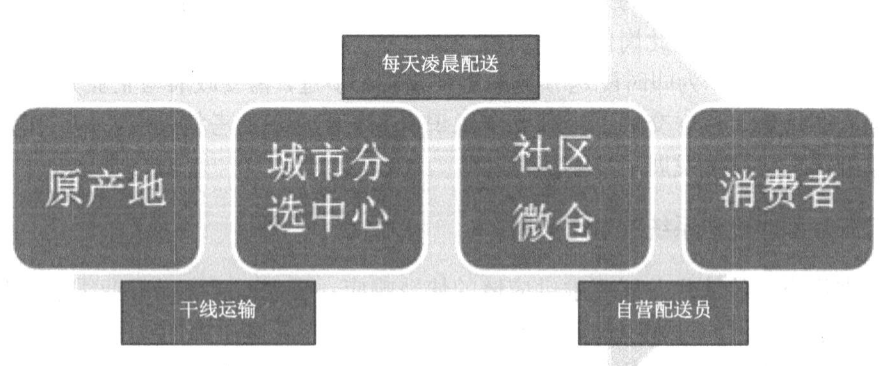

图 7-2　每日优鲜的配送流程图

（3）京东到家。京东到家通过整合社区周边商超资源为消费者服务，无需自行设置仓库，使用合作商超的店面库存，小商家为全部库存，家乐福、山姆、永辉等大商超为京东到家单独设置的高频商品品类库存。京东到家与达达合作，提供 2 小时内的即时配送服务，具体如图 7-3 所示。

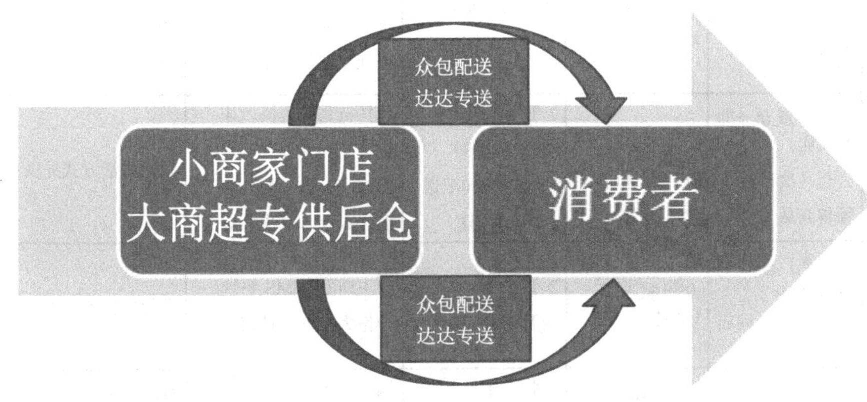

图 7-3 京东到家的配送流程图

（4）多点。多点与大型综合商超合作，负责合作商超的线上交易，完全与合作商超共享门店所有库存，拥有自己的配送员队伍，为商超周边 3 千米内的消费者提供即时配送服务，具体如图 7-4 所示。

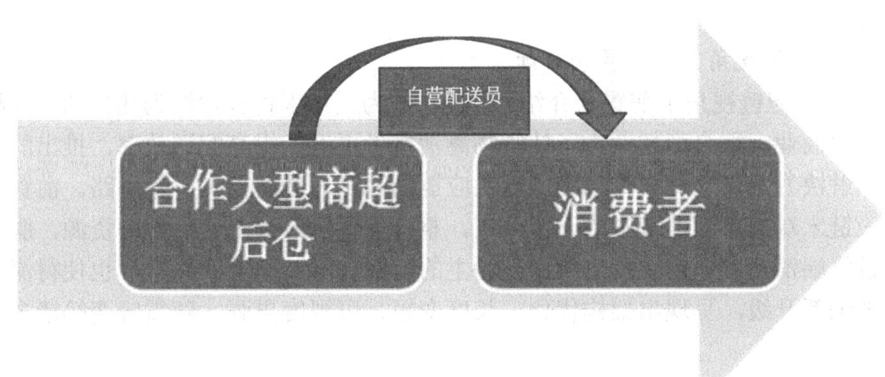

图 7-4 多点的配送流程图

2. 四家企业的配送体系比较

通过以上具体配送流程的比较，笔者继续针对四家企业的配送体系进行了比较研究，具体见表 7-4。

表 7-4 四家企业的配送体系比较分析

企业	仓储模式	配送模式	配送范围和时间	智慧库存管理	发展目标
每日优鲜	社区微仓 数量较多 100～400 平方米 覆盖 3 千米内区域	自营配送体系 开通近 20 个极速达城市	会员 1 小时内 非会员 2 小时内 可预约时间配送	大数据和智能化算法 精准人货匹配 极快的库存周转 损耗率降低到 2%以内	小区域高密度 1.0 版微仓～2.0 版微仓 1000～3000 个 SKU 千仓千面
盒马鲜生	门店前置仓（即时配送） 云仓（次日达） 预售商品	自营配送+众包配送	3 千米范围内 最快 30 分钟 可预约时间配送 24 小时配送	悬挂链系统提高效率 包装更加专业化 RFID 深入应用 弱化大仓，突出店仓	新的生活方式提供者
京东到家	小商家：门店为前置仓 大型商仓：同店不同仓	众包配送（达达）	2 小时内 可预约时间配送	自主研发 WMS 系统 合作大型商超使用	无界零售的典型代表
多点	门店后仓	自营配送	2 小时内 可预约时间配送	选品优化 适度降低 SKU	“Dmall+”模式打造新零售范本

四、供应链视角下的前置仓研究

即时配送的不断发展，从 App 下单到送货到家，经历了配送时间从以前几个小时到目前分钟级的改变，前置仓的配置功不可没，下文从供应链的视角对前置仓进行研究。

1. 供应链视角下的前置仓解读

（1）供应链视角下前置仓介绍。前置仓作为近年零售行业较为热捧的仓配模式，是电商业、综合商超业为了让货物离消费者更近、提高配送效率，推出的一种仓储解决方案，这种模式也为流通供应链的升级与创新提供了新思路。前置仓是供应链末端最靠近消费者的一个节点，整合优化供应链上游品牌商资源，服务供应链终端消费者，由主打生鲜商品为主的前置仓不断地实践探索，也使得流通供应链创新升级，呈现出架构优化、长度变短、可视度更强、随需应变等诸多特点。

（2）供应链视角下前置仓类别介绍。目前商超企业、电商企业都在布局前置仓，从供应链的角度研究，本文将前置仓分为两类，分别为垂直一体化式和横向整合式。

1）垂直一体化供应链的前置仓。随着零售模式的不断迭代，供应链开始向精准、简短、有效优化，零售企业作为供应链的核心，纷纷舍弃供应链的代理、分销等中间的冗长环节，大量货物采取源头直采模式。此模式下的前置仓，具备较强的供应链话语权，有能力驾驭大规模商品的经营，通过对订单数据的有效分析，得出精准的商品需求量，通过流量垂直一体化地自下而上运作供应链，协调上下游企业为消费者服务。此类前置仓可以分为两种来具体研究。

第一，“店仓一体”的前置仓模式。“店仓一体”的前置仓即所谓的明仓，通常为前店后仓的模式，线上线下完全融合，一套库存应对门店和配送到家的两条链条出口。此模式线上线下一体化经营，可以为消费者提供多场景的购物体验，线下引流，线上体验，为消费者提供高品质产品，不过，门店要求面积大，一、二线城市选址困难，扩张速度慢。

典型代表如阿里旗下的新零售网红“盒马鲜生”，门店通常选在一、二线城市的核心商圈，商圈周边还会有多个社区，盒马鲜生店面通常在4000～6000平方米之间，后仓与门店经营面积比大概为1:2。盒马鲜生最引人注目是时刻在悬挂链下运转的拣货袋，这个设计大大提高了拣货的速度和效率，保证了最快30分钟为客户送货到家的极致体验。

第二，“纯粹仓库”的前置仓模式。“纯粹仓库”的前置仓即所谓的暗仓，没有线下店面作为依托，在靠近消费者的地方，选择合适的区域租100～500平方米空间用于商品的临时仓储、分拣、打包和配送，比如每日优鲜、叮咚买菜和朴朴超市为代表的前置仓模式，生鲜是核心品类，通常覆盖周边3千米范围，1小时送达，这是目前前置仓暗仓的主流配置。

以每日优鲜为例，每日优鲜是实践前置仓最早的生鲜电商企业，目前已在20多个城市建成1000多个前置仓，其中北京300多个，通过精简品类，实现了供应链原产地直采。此类前置仓没有线下销售功能，对选址要求偏低，租金成本较低，具备可以快速批量复制的特点，当前置仓数量足够多时，可以具备掌控供应链的话语权。

2）横向整合式供应链的前置仓。此类前置仓的核心是“整合”，典型代表是京东到家，整合各类线下商家资源，汇集超过百万门店，为社区消费者提供蔬菜、水果、药品、家居用品、烘焙食品、鲜花等商品，不止有社区周边的小商家，更有家乐福、京客隆、山姆会员店、永辉等零售巨头加入，可为消费者提供海量的货物种类，满足消费者的各类需求。

此类模式的典型特点是建立数字化平台，整合各类线下店面，以平台为核心进行无界零售，将商家店面的现有库存二次盘活，结合电商平台的巨大流量优势，挖掘新用户，培养新的消费习惯，创新新型流通供应链。比如，2019年京东到家的扩张重点已转移至三、四线城市，通过与本地知名商超的深入合作，京东到家推出“百城万店冰爽季”的夏日大促，覆盖近百座城市，平台销售额同比大幅增长，实现了线上和线下的共赢。

（3）供应链视角下前置仓的优劣势分析。不论何种前置仓，都有很多共性，能让消费者足不出户，购买高品质商品，享受购买过程中的满足感，享受 1 小时内的送货到家服务等，比如，每日优鲜日前发布的《2019 生鲜年货消费报告》，其年货极速达订单平均配送时长为 42 分 39 秒，而订单最快配送时长仅为 8 分 17 秒。前置仓的设置，缩短了供应链的长度，让供应链的反应更迅速，不过，不同供应链下前置仓也有差异存在，也具备不同的优劣势表现（表 7-5），企业应根据自己的发展战略，选择适合自身供应链发展的前置仓配置。

表 7-5　供应链视角下前置仓的优劣势分析

前置仓种类	优势	劣势
“店仓一体”的前置仓	SKU 品类较多 获客成本低 商品品质较稳定 可以提供多场景购物体验	选址难度大 前期投入成本高 快速扩张难度大 三、四线城市推广难度大
“纯粹仓库”的前置仓	选址难度小 前期成本较低 商品品质较稳定 适合快速扩张 微仓密集度高 可配送范围大	SKU 品类较少 获客成本高 无法提供多场景购物体验 需要频繁促销吸引流量
横向整合式供应链的前置仓	SKU 品类非常丰富 市场覆盖率大 构建门店时效快 获客成本较低 分布城市区域广 中小城市易推广 容易形成规模优势 配送范围非常广泛	合作的协同性需要提升 缺货率较高 小商家商品品质不稳定 大型商仓线上品类少 与大商超的合作待深入 前期投入成本较低

2. 前置仓模式推动流通供应链不断优化

（1）由流量数据拉动供应链运营。前置仓不仅是供应链中到达最终用户的最后链接点，也是离用户最近的分布式经营中心和数据中心。不断进步的大数据分析和智能算法，可以为消费者绘制更清晰的画像，预测更准确的流量，以流量为核心，通过流量运营供应链，更准确地进行商品采购，更及时地调整商品品类和数量。以每日优鲜强调的“千仓千面”为例，前置仓的库存是由订单决定的，根据周边区域消费需求的不同，大仓每天向每个前置仓补货的商品种类和商品数量都会不同。依托于足够的大数据，千人千面甚至百万面，每个消费者都被数字化了，但人的行为和决定是极难预测的，偶然性极大，每日优鲜不断升级补货算法，从只取过往 7 天销量的平均值，演变到以周销量和年销量为基数，辅以星期系数、社区属性系数、天气系数、促销活动等变量来进行更准确的预测，在“算法+选品+服务”三者间组合不同的模型，选择适合自己的最优模型，将供应链补货的不确定性降到最低。

（2）前置仓逐渐门店化。传统供应链体系下，小仓是大仓的子集和附属，供应链属于自上而下的运营管理模式，存储货物的数量和种类是由企业和大仓决定。随着零售模式变革和消费升级，技术不断创新，前置仓不是城市大仓的附属，主要功能从仓储转变为分拣、打包和配送，千仓千面，每一个前置仓就是零售业的一个门店，有独立的供应链分支体系。不同城市的消费差异，同一城市不同区域的消费差异，导致了前置仓的品类运营差异，每个仓都有自己独特的匹配度，前置仓开始承载更多门店化的功能，更加侧重对本地化客群的匹配度，追求对本地化客群的满足度，不断优化本地化客群的购物体验，挖掘本地化客群的新需求，在供应链上创造新价值。

（3）供应链端到端的链接更为紧密。我国缺乏垄断性零售企业，零售业竞争激烈，商品极度丰富，年轻消费者的个性化需求日益增多，商家极难预测。即使数据收集的精准度和分析方法在不断进步，但消费者订单和商品损耗的不确定性永远存在。前置仓的大量出现，消费者“互联网+”属性的增强，密集订单的涌现，社交软件的广泛使用，这些因素都为商家提供了有效的数据分析来源，将这些数据打通，商家对消费者的个人喜好、消费习惯等有了更精准的判断，对库存的预测也更为到位。当前置仓数量足够多时，大量货物采取原产地直采模式，对供应商的掌控也在逐渐加强，改善了传统供应链下各自为政、各端分散不紧密的状况，实现了供应链的物流端、商家端、供应端、门店端、平台端、消费者端等的链接统一，从各自为政到政出一体，供应链的长度变短和结构优化，供应链的可视度增强，提高了供应链的响应速度，大幅提升了供应链的管理效率和能力。

3. 供应链视角下的前置仓发展策略研究

前置仓目前看似火爆，实则前景并不明朗，大多数前置仓处于不断烧钱补贴阶段。前置仓若想在供应链中发挥核心作用，必须从提升前置仓的商品力、盈利能力等方面入手，成为真正提升供应链价值的节点。

（1）通过前置仓的商品力提升整体供应链价值。前置仓的面积及 SKU 品类的丰富度，决定了覆盖客群的能力，可用 500 平方米前置仓的低成本模型，做出大门店的品类广度和服务深度，前置仓要通过数据分析为客户供应所需商品，不仅仅在供应链中传递价值，更应该为客户创造所需商品，实现满足客户需求，并为客户创造新需求的价值链。要在提高商品力上下功夫，在商品的设计、选择、定价、生命周期管理等环节运用技术加强协同管理，在整体供应链中加强计划管理、库存管理、货品管理、网络规划、履约管理等，提升前置仓的供给力。以山姆会员店的前置仓为例，山姆为了降低物业租金成本，一直坚持在郊区开店，近年为了向会员提供更便捷的消费体验，开始在城区铺设前置仓，数据显示，此举措使会员的复购率提升到 60%，客单价超过 200 元，坪效达到 13 万/平方米，是普通超市坪效的 10 倍左右，高消费频次和高客单价带动了山姆前置仓的高盈利能力，这与山姆店常年耕耘的商品力息息相关，面向全球 32 个国家直接进口商品，卖场内吸引眼球的海淘爆款随处可见，全球采购供应链能力远超其他企业，具备持续为消费者提供高品质商品的能力，商品力和老会员流量在先，再建前置仓，通过与京东到家合作引入新的客流，前置仓的盈利能力会持续提升。

（2）通过共享前置仓提升供应链整体效率。前置仓的仓储、拣货、包装、配送等主要功能对企业而言，是纯粹的成本支出通道，如何将成本降低转化为利润，重点是提高前置仓的使用率，即规模效应。面积小的前置仓，SKU 数量有限，无法满足消费者的一站式购物需求，很难让消费者产生持续的黏性，面积大的前置仓，成本会水涨船高，即使阿里、京东这样的电商巨头都很难持续投入。另外，一、二线城市密集社区的资源非常有限，各家企业都去争夺，只会将资源的价格无限提高，对整个行业的长远发展不利。如果前置仓只为单一企业服务，其运营成本和订单密度是不足以支撑长期运营的。当务之急是需要充分提高前置仓的利用率，在仓储、拣货和配送环节都可以协同共享，降低固定成本的同时可以提高工作人员的收入，需要企业之间规模化协作，在时间和空间上合理安排，这在实践中是可行的。比如阿里生态体系中的相关企业，可以尝试共享前置仓，实现更大的规模化效应，将成本降到最低。

（3）“店仓一体”类前置仓更能降低供应链成本。前置仓本质上是库存的有序分散，物流成本中的此消彼长理论永远成立，分散库存会带来更高的固定成本、运输成本和更低的规模效应，相比更大的集中仓，分散的库存管理起来难度更大。如果前置仓和门店共用一套供应链体系，会明显降低供应链的成本。另外，门店前置仓可以组合出更多的配送模式，比如前置仓到家、门店到家、消费者到店购买、门店自提、自提点自提、前置仓自提等，能够满足不同的消费场景和体验，具备更高的竞争水平。以盒马鲜生为例，线上线下共融和信息共享，前置仓和门店共用一套库存，打通库存，协调供应链上下游，形成库存信息共享模式，进行供应链重构。

（4）依托前置仓商品构建细分供应链。消费升级后，消费者的个性化需求凸显，前置仓中的货物可根据需求进行分类，搭建多条独立且相互区别的供应链。以盒马鲜生的日日鲜系列商品为例，盒马鲜生与当地多家农业基地合作进行蔬菜、肉类的直采，生产、包装等供应链各环节标准化管控，生鲜的标准化包装大幅降低了流通环节的损耗，全程冷链保证产品新鲜度；盒马鲜生的高端预售系列，全球范围直采顶级海鲜产品，预约时间送货到家，借助阿里的供应链采购优势，将价格控制到合理区间，满足消费者的多样化需求。盒马背靠阿里，有强大的供应链支撑，有更全面精准的大数据提供，其经验不可复制，中小企业可以尝试深耕某一领域，通过爆款打造长度更短和结构更优化的供应链，培育适合自身发展的前置仓。

随着互联网、大数据、智能算法、区块链等技术的发展，坪效高的前置仓模式激活了流通业蕴藏的活力，助推了流通供应链的转型升级，供应链的价值分布向终端倾斜，消费者成为整个供应链的核心驱动力，供应链由“推式”转变为“拉式”，由流通供应链带动生产供应链发展，构建以实现消费者价值最大化为目标，通过线上、线下和物流的全面融合，加固供应链节点之间的协同合作，促进供应链的全部节点实现端与端无缝衔接，满足消费者个性化增值需求，提供“商品+服务”的一站式解决方案。前置仓的发展依然处于摸索阶段，发展前景并不明朗，前置仓的构成要素复杂，是位置、面积、经营品类、周边消费者属性等要素的组合，企业应挖掘适合自己的最佳前置仓要素组合，从而激发整个供应链的活力。

参考文献

[1] 张夏恒. 生鲜电商物流现状、问题与发展趋势[J]. 贵州农业科学，2014，42（11）：275-278.

[2] 王继祥. 即时配送能否推动现代物流与供应链体系变革？[J]. 物流技术与应用，2018，23（10）：84-87.

[3] 王继祥. 中国城市物流智慧化发展变革趋势[N]. 中国邮政报，2019-05-14（004）.

[4] 陈秀. 同城即时配送行业机遇与挑战并存[N]. 现代物流报，2019-05-13（A03）.

[5] 王艳，寇长华. 基于 KANO 模型的生鲜电商与末端冷链配送研究[J]. 商业经济研究，2019（12）：97-99.

[6] 寇长华，王艳. 末端智能投递融入社区生态圈的策略探讨[J]. 商业经济研究，2019（03）：83-86.

[7] 王艳. 社区类别与终端物流模式匹配度分析[J]. 商业经济研究，2017（01）：86-87.

[8] 王艳. 社区商业业态与终端物流对接分析[J]. 商业经济研究，2015（25）：49-50.

[9] 王艳. 社区“最后一公里”末端配送模式探析[J]. 北京财贸职业学院学报，2015，31（02）：30-34.

[10] 邱碧珍，马中杰. 新零售商业模式构建及创新路径研究——基于系统框架的思考[J]. 山东工商学院学报，2019，33（03）：89-96，111.

[11] 邢惠淳. “新零售”背景下生鲜电商商业模式比较分析——以盒马鲜生和每日优鲜为例[J]. 商业经济研究，2019（04）：85-87.

[12] 赵树梅，徐晓红. “新零售”的含义、模式及发展路径[J]. 中国流通经济，2017，31（05）：12-20.

[13] 赵树梅，门瑞雪．“新零售”背景下的“新物流”[J]．中国流通经济，2019，33（03）：40-49．

[14] 张建军，赵启兰．新零售驱动下流通供应链商业模式转型升级研究[J]．商业经济与管理，2018（11）：5-15．

[15] 解宝苗，亓文国．供应链管理视角的企业商业模式创新研究[J]．经济研究导刊，2012（29）：22-23．